Die

Statutarischen Gütererbrechte

der Uebergangszeit

in Preußzen.

Von

G. Zelter,

Rechtsanwalt am Oberlandesgericht Stettin.

Berlin, 1901.

Verlag von H. W. Müller.

(W.) Potsdamerstraße 121 K.

Vorwort.

Die langersehnte Rechtseinheit ist zwar auf dem Gebiet des Erbrechts hergestellt, es bleiben aber die alten statutarischen Normen für das Gütererbrecht der vor dem 1. Januar 1900 geschlossenen Ehen zum größten Theil erhalten und damit auch ein Menschenalter hindurch die erbrechtlichen Bestimmungen von über fünfzig Statuten in Geltung.

Das preußische Ausführungsgesetz beseitigte das Güterrecht dieser Ehen, das Erbrecht erhob es aber selbst da zur Nachwirkung des Güterstandes, wo die Fortdauer bestritten werden konnte. Dieser Rechtszustand erfordert daher die Kenntniß solcher Erbrechtsnormen, und das Interesse des praktischen Juristen wird noch besonders dadurch gesteigert, daß das Gesetz fast durchweg Wahlrechte und Wahlfristen schuf, der Ueberlebende also in seinem Interesse die Unterschiede der Statuten von dem B.G.B. prüfen muß.

Deshalb schien es mir ein praktisches Bedürfniß, diese Entscheidungen durch eine Sammlung der statutarischen Erbrechte zu erleichtern, weil einmal die locale Literatur verschwinden, oder den Interessenten nicht immer leicht erreichbar sein wird, und weil andererseits die vorhandenen Sammlungen nicht ausreichen; auch die Motive des A.G. geben wenig mehr als die Quoten an.

Die Materie zwingt aber neben der Darstellung der Statutarrechte noch zur Behandlung des Einflusses des neuen Rechts.

Einmal war die Einwirkung des B.G.B. auf die vom A.G. nicht ergriffenen und daher darzulegenden Institutionen des Güterrechts aus den vor dem 1. Januar 1900 durch Tod gelösten Ehen, fortgesetzte Gütergemeinschaft, Beisitz und Leibzucht festzustellen, dann aber war zu prüfen, ob das A.G. zwingenden Bestimmungen des Reichsrechts weichen muß. Das letzte ist in verschiedenen Fällen bejaht.

Die Darstellung konnte für den Praktiker nur dann von Werth sein, wenn sie das umfangreiche Material so knapp wie möglich zusammenfaßt, und andererseits auch auf die locale Praxis Rücksicht nimmt.

Beides ist versucht, insbesondere mußte die Aufgabe von einer Darlegung der rein güterrechtlichen Fragen absehen, andererseits sind Specialliteratur und Quellen, aus denen heraus erst oft die Entscheidung gefunden werden konnte, überall angegeben und ebenso auch die Resultate der Praxis und deren Abweichungen von den Motiven, soweit ich sie mir zugänglich machen konnte.

Allen den Collegen, welche in dieser Beziehung mich mit Auskunft und Material so liebenswürdig unterstützt haben, darf ich hier meinen Dank aussprechen.

Schließlich kam es für die praktische Brauchbarkeit auch auf eine möglichst genaue und zuverlässige Abgrenzung der Gebiete an. Für den Oberlandesgerichtsbezirk Frankfurt lag das auf eingehender historischer Untersuchung beruhende Werk von Jünger vor, dem ich die Angaben entnehmen konnte, für Pommern beruht das als Anhang gegebene Verzeichniß auf Acten des Oberlandesgerichts und Amtsgerichts Stettin; bezüglich der anderen Provinzen sind die Angaben von Neubauer nach den jetzigen Gerichtsbezirken umgearbeitet.

Stettin, im Mai 1901.

Der Verfasser.

Inhaltsangabe.

Erster Abschnitt.

Allgemeine Grundsätze.

Zweiter Abschnitt.

Territorien und Statuten.

Anhang.

Literatur.

Bender, Frankfurter Privatrecht.
Bertram, Nassauisches Familienrecht.
Brünneck, Güterrecht von Todeswegen im Rechte des Adels von Ostpr.
Bopp, Beiträge zu den vier mittelrheinischen Landrechten.
Cramer, Das hohenzollernsche eheliche Güterrecht.
Eccius, Preußisches Privatrecht 5. Aufl.
Eccius, Umgedruckte Sammlung von Präjudicien des Appellationsgerichts Greifswald.
Esmarch, Das Erbrecht im Herzogthum Schleswig.
Fischer-Benzon, Das Land- und Marschrecht.
Fischer-Benzon, Das Güterrecht in den vormaligen Schauenburgischen Distrikten.
Francke, Sammlung der Entscheidungen im Gebiet des Hannoverschen Partikularrechts.
Francke, Entscheidungen aus dem bäuerlichen Erb- und Familienrecht.
Fricke, Güterrecht der bestehenden Ehen.
Gößmann, Lehre von der allgemeinen Gütergemeinschaft.
Günsburg, Märkisches Provinzialrecht von Scholtz, bearbeitet von Günsburg.
Habicht, Einwirkung des B.G.B. auf zuvor entstandene Rechtsverhältnisse. 3. Aufl.
Hardeck, Hildesheimer Statutarrecht.
Heck, Lübisches Recht und Bauerordnung.
Hinüber, Fragen aus dem Altelander Güterrecht.
Hodler, Preußisches Ausführungsgesetz z. B.G.B.
Jacobi, Partikulargesetze von Neuvorpommern.
Jünger, Territorien und Rechtsquellen im Oberlandesgerichtsbezirk Frankfurt.
Keller, Die fuldaische Verordnung vom 17. Dezember 1719.
Klauhold, Kurhessisches Rechtsbuch.
Korn, Güterrecht und Erbrecht der Eheleute nach brandenburgischem Provinzialrecht.
Lodtmann, Das Recht der vormals eigenhörigen Stellen.
Neubauer, Das in Deutschland geltende eheliche Güterrecht.
Neumann und Levy, Frankfurter Privatrecht.
Niehaus, Grundprincipien der ehelichen Gütergemeinschaft (Münster'sche Polizeiordnung und Lingen'sches Landrecht). N.H.M. Bd. III.
Ockel, Die Bauerordnung von 1616.
Pauli, Abhandlungen aus dem Lübischen Recht. Bd. II.
Paulsen, Schleswig-Holsteinsches Privatrecht.

Petersen, Eheliches Güterrecht in den Städten und Flecken des Fürstentum Osnabrück.
Ritter, Das eheliche Güterrecht des Landes Wursten, die Statuten der Stadt Verden N.H.M. Bd. VIII u. IX.
Roth, Deutsches Privatrecht Bd. II.
Roth und Meibom, Kurhessisches Privatrecht.
Runde, Eheliches Güterrecht.
Sayn, Die Leibzucht.
Schröder, Geschichte des ehelichen Güterrechts.
Schulz oder Welter-Schulz, Handbuch über das eheliche Güterrecht in Westfalen von Welter, 2. Auflage von Schulz.
Stemann, Güterrecht im Gebiet des Jütischen Low.
Strombeck, Westpreußisches Provinzialrecht.
Stobbe, Deutsches Privatrecht 3. Auflage (Lehmann) Bd. IV 1.
Stranz und Gerhard, Preuß. Ausführungsgesetz zum B.G.B.
Thomas, System des fuldaischen Rechts.
Ubbelohde, Erörterungen zum Lüneburger Stadtrecht.
Waldow, Preußisches Ausführungsgesetz.
Werenberg, Recht der Stadt Otterndorf und des Landes Hadeln. H.M. Bd. II.
Wilmowski, Lübisches Recht in Pommern.
Zelter, Lübisches Recht und Bauordnung.

Abkürzungen.

A.G. = Preußisches Ausführungsgesetz zum B.G.B.
Ag. = Amtsgericht.
A.L.R. = Allgemeines Landrecht.
Arch. f. civ. Pr. = Archiv für civilistische Praxis.
B.G.B. = Bürgerliches Gesetzbuch.
B.O. = Bauerordnung.
Bolze = Bolze, Die Praxis des Reichsgerichts.
E.G. = Einführungsgesetz zum B.G.B.
Fenner u. M. = Fenner und Mecke, Entscheidungen der höchsten Gerichtshöfe.
Gruchot = Beiträge zur Erläuterung des Deutschen Rechts von Rassow, Küntzel u. Eccius, vormals Gruchot.
H.M. = Hannoversches Magazin.
Heuser Ann. = Annalen der Justizpflege und Verwaltung in Kurhessen.
J.M. = Justizministerialblatt.
Jur. Woch. = Juristische Wochenschrift des Anwaltsvereins.
Jur. Z. = Juristische Zeitung für Hannoversches Recht.
Jüt. Low = Jütisches Low.
K.L.R. = Ober-Katzenellenbogener Landrecht.
Köln. R.O. = Kurcölnische Rechtsordnung von 1663.
Lg. = Landgericht.
M.L.R. = Mainzer Landrecht von 1755.
Münster. P.O. = Münstersche Polizeiordnung 1592.
Michelsen = Entscheidungen des Oberhofs zu Lübeck.
Mot. = Motive z. Ausführungsgesetz z. B.G.B.
N.H.M. = Neues Hannoversches Magazin.
N.K.L.O. = Nassaukatzenellenbogener Landordnung von 1616.
Neuvorp. Statutarr. = Statutarrecht der Städte Neuvorpommerns.
O.L.G. = Oberlandesgericht.
Otr. = Entscheidungen des Obertribunals.
Pr. Arch. = Archiv für die praktische Rechtswissenschaft.
Rev. Stat. = Revidirtes Statut des Lübischen Rechts. 1586.
R.G. = Entscheidungen des Reichsgerichts.
Rudorff = Das hannoversche Privatrecht.
S.L.O. = Solmser Landrecht oder Landesordnung von 1571.
S.A. = Seufferts Archiv, N.F. = Neue Folge.
Trier. L.R. = Kurtriersches Landrecht von 1668.
Zeitschr. = Zeitschrift für Hannoversches Recht.

Erster Abschnitt.

I.

Allgemeine Grundsätze.

Die statutarischen Güterstände des preußischen Rechtsgebiets sind mit wenigen Ausnahmen durch das A.G. übergeleitet in solche des B.G.B. Damit ist die Bedeutung der Statuten im Princip für die Rechtsverhältnisse des Güterrechts beseitigt.

Dieselben kommen jedoch noch für die Uebergangszeit in Anwendung:

1. soweit schon vor dem 1. Januar 1900 entstandene Rechte über diesen Zeitpunkt fortdauern;
2. soweit erbrechtliche Wirkungen der Statuten ausdrücklich für die übergeleiteten Ehen erhalten bleiben;
3. soweit die Ehen nicht übergeleitet werden.

Die Einflußsphäre dieser Momente ist bedeutender, als man auf den ersten Blick annehmen möchte.

Viele Statutarrechte geben dem überlebenden Ehegatten fortdauernde Rechte an dem Nachlaß des Erstversterbenden. Diese Befugnisse währen zum Theil lebenslänglich, theils sind sie zeitlich begrenzt durch Wiederverehelichung resp. Großjährigkeit der miterbenden Kinder, theils materiell beschränkt durch kollidirende Interessen der Miterben.

Alle solche erbrechtlichen Nutzungsrechte bleiben bestehen, soweit sie vor dem 1. Januar 1900 erworben waren, weil das A.G. in die Rechtsverhältnisse der vor diesem Zeitpunkt durch Tod aufgelösten Ehen nicht eingreift.[1]) Die Statuten kennen als solche Rechte den Nießbrauch mit und ohne Verwaltung und als stärkeres, mit verschiedenartigen Befugnissen zur Verfügung und Veräußerung ausgestattetes, den Beisitz, resp. die Leibzucht.

Dieses letztere Recht erscheint in verschiedenen Formen der allgemeinen und partikulären Gütergemeinschaft. Das Beisitzrecht suspendirt die reale

1) Ausnahme: die Bestimmungen für Fuldisches und Verdener Recht Art. 52, 67.

Theilung des ihm unterworfenen Sammtguts. Dies zerfällt mit dem Tode des Ehegatten in ideelle Quoten, welche der überlebende Ehegatte und die Miterben als vererbliches Eigenthum erwerben. Kraft des Beisitzrechtes verwaltet der Ueberlebende das Gesammtgut, dem zuwächst, was aus ihm erworben wird. Bei der partikulären Gütergemeinschaft untersteht auch das Sondergut des Verstorbenen dem Beisitz.

Die Leibzucht stimmt begrifflich mit dem Beisitzrecht überein, das Nutzungsrecht wird so in den Statuten der westlichen Provinzen deshalb bezeichnet, weil es im Princip auf Lebensdauer gewährt wird.[1])

Für Beisitz resp. Leibzucht in beerbter Ehe ist von Bedeutung, ob die Befugniß des Ueberlebenden nicht etwa als Ausfluß des elterlichen Rechts oder der väterlichen Gewalt anzusehen, also ein Recht am Vermögen des Kindes, kein Recht am Nachlaß des Ehegatten ist. Dann würden die Beisitzbefugnisse durch die Normen des B.G.B. über elterliche Gewalt am 1. Januar 1900 ersetzt sein (Art. 203 fg.) Diese Frage erörtert ausführlich Habicht in Gruchot Bd. 42, S. 443 fg., er theilt die Statuten je nach der Gestaltung des Beisitzes in drei Gruppen, kommt aber zum Schluß, daß überall auch da, wo nur der Vater allein den Beisitz hat, und wo Veränderungen in der Person des Kindes auf die Beendigung des Beisitzes an seinem Erbantheil einwirken, die altrechtliche Norm als erworbenes Erbrecht gegen den Verstorbenen fortdauert. Seine sonst zutreffend begründeten Sätze gehen m. E. insofern zu weit, als er auch die Fälle einbezieht, in denen der parens bei fortgesetzter Gütergemeinschaft nach der Schichtung den Beisitz an dem Schichttheil des Kindes erhält.

Die Schichtung beseitigt die Rechte an dem Nachlaß des Verstorbenen, und setzt an deren Stelle neue Rechtsverhältnisse; hier kann man den Nachlaß des Verstorbenen oder das gemeinschaftliche Gut nicht mehr als Object des Rechtes ansehen. Diese Fälle[2]) scheiden daher aus und sind in der Zusammenstellung nicht mehr erwähnt. Ebenso ist zu beachten, daß diejenigen statutarischen Bestimmungen, nach denen Revenuen des Sonderguts der Kinder in die Beisitzmasse fließen, Wirkungen des Elternrechts sind, und deshalb als solche von 1900 ab fortfallen.[3])

Die Aufhebungsgründe des Beisitzes und der Leibzucht sind verschieden gestaltet. Sie bleiben ebenfalls bestehen.[4])

---

1) Vergl. im Einzelnen über die rechtliche Bedeutung die ausführliche Monographie von Sayn, Die Leibzucht (Neuwied 1898).

2) Münster, Lingen, Hohenzollern, Alte Land, Wursten, Sayn-Altenkirchen, Hachenburg. Wegen Westfalen siehe unten.

3) Vergl. z. B. Jüt. Low. Stemann S. 127.

4) Ich kann Habicht nicht beitreten, der an Stelle des durch das Statut gesetzten Endtermins der wirthschaftlichen Selbstständigkeit die Volljährigkeit treten lassen will (a. a. O. S. 449 fg.); das erworbene Recht wird durch das B.G.B. nicht berührt.

Sämmtliche vorerwähnten Rechte des Ueberlebenden sind einzeln nach ihrem Geltungsgebiet im zweiten Abschnitt aufgeführt.

II.

Fortgesetzte Gütergemeinschaft, Vertheilung der Befugnisse zwischen den Theilnehmern.

Komplizirter gestalten sich dagegen die Rechtsverhältnisse, wenn der Tod des Ehegatten vor dem 1. Jan. 1900 das eheliche Gut in der Hand des Ueberlebenden zu einer rechtlich einheitlichen Masse vereinigt hat, bei der fortgesetzten Gütergemeinschaft im weiteren Sinne.

Die verschiedenartigen Rechte der Interessenten und die mannigfachen Einwirkungen der Rechtsänderung fordern eine eingehendere Erörterung.

Die fortgesetzte Gütergemeinschaft im weiteren Sinne erscheint im Gebiete der allgemeinen Gütergemeinschaft, findet sich aber auch in Statuten, welche systematisch der Verwaltungsgemeinschaft und der Errungenschaftsgemeinschaft zu unterstellen sind. Man unterscheidet in ihr zwei Rechtsformen:

a) die der Consolidation oder des Alleinerbrechts und
b) die communio prorogata oder fortgesetzte Gütergemeinschaft im engeren Sinne.[1])

Der wesentliche rechtliche Unterschied beider Formen besteht darin, daß bei der Consolidation lediglich der parens superstes als Rechtssubjekt der Masse erscheint, bei der communio prorogata dagegen auch die Gemeinschaftsgenossen neben ihm als Subjekte der Vereinigung hervortreten.

Die juristische Construction beider Formen wird jetzt meist auf das Erbrecht gegründet. Entweder der Ueberlebende oder die Kinder sollen den Antheil des Verstorbenen an der Gütergemeinschaft kraft Erbrechts erwerben.

Man kann jedoch die aus deutsch-rechtlichen Grundsätzen erwachsene Rechtsbildung nicht als eine reine Erbfolge auffassen und bedarf auch der positiven Norm gegenüber dieses Rückgriffs nicht.[2])

Insbesondere läßt sich ein alleiniger Eigenthumserwerb des Ueberlebenden bei der Consolidation wegen der Schichtungsansprüche des Kindes und deswegen nicht annehmen, weil der Ueberlebende nicht unbeschränkt liberal oder letztwillig verfügen kann. Ebenso spricht gegen den erbrecht-

1) Mot. B.G.B. IV S. 425, A.G. S. 183, Roth §§ 111, 112, Stobbe §§ 303, 304.
2) Stobbe S. 290, 299, R.G., Bolze Bd. 23 Nr. 623.

lichen Eintritt der Genossen bei der Prorogation, daß die eheliche Gütergemeinschaft nach der jetzt herrschenden Auffassung während der Ehe keine hervortretenden Quoten kennt,[1]) daß die communio prorogata auch im Gebiete der Verwaltungsgemeinschaft erscheint, daß die Vererblichkeit der Antheilsrechte der Kinder beschränkt ist, daß schließlich die Schichtung oft die erbrechtlichen Ansprüche der Kinder gegen beide Eltern erledigt.

Beide Formen sind daher ebenso wie die Gütergemeinschaft eine Vereinigung zur gesammten Hand ohne ideelle Antheilsrechte.[2])

Der vorher angegebene Unterschied zwischen Consolidation und Prorogation wird durch die praktische Ausgestaltung der einzelnen Statuten oft derart verwischt, daß die systematische Unterordnung controvers geworden ist.

Ebenso nähern sich Beisitz und communio prorogata oft sehr. Als äußeres Unterscheidungsmoment wird man wohl ansehen müssen, daß beim Beisitz der eigene, nicht aus der Masse fließende Erwerb des Ueberlebenden nicht in die verwaltete Gemeinschaft fällt.

Da nun die an sich zulässige Ueberleitung der fortgesetzten Gemeinschaft vom A.G. abgelehnt ist, so richten sich Rechte und Pflichten der Theilnehmer während der Dauer der unveränderten Gemeinschaft nach den früheren Gesetzen.

Es ergiebt sich auch der weitere Schluß, daß der die Aufhebung der Gemeinschaft schaffende Rechtsakt selbst dem alten Recht untersteht. Es hat also auch nach dem 1. Jan. 1900 das Statut zu entscheiden, ob und wann ein Theilnehmer die Schichtung verlangen kann und nach welchen Quoten geschichtet wird.

Es bleiben daher folgende Regelsätze bestehen:

1. Der parens superstes kann bei der Consolidation unter Lebenden über das Gesammtgut außer zu reinen Schenkungen frei verfügen, bei der fortgesetzten Gütergemeinschaft ist er auch bei Verfügungen über Immobilien in der Regel an die Zustimmung der Kinder gebunden, d. h. dort, wo nach dem Statut der Ehemann zu solchen Dispositionen des Consenses der Frau bedurfte;[3])
2. Die Kinder haben unter beiden Rechtsformen Recht auf Ausstattung und Unterhalt,[4]) können aber über ihren Antheil unter Lebenden in der Regel nicht disponiren. Wo sie in den unten erwähnten Fällen denselben veräußern können, geht das Recht des

1) R.G. I S. 396.
2) Stobbe a. a. O., Ubbelohde S. 20.
3) Roth II S. 106, Stobbe IV S. 293.
4) Roth § 111 Note 41, 112 Note 46, Stobbe a. a. O., Pauli S. 145.

parens superstes vor. Der Erwerber kann also erst mit der Auflösung der Gemeinschaft seine Ansprüche realisiren;

3. Die Schichtung kann der parens regelmäßig jederzeit vornehmen. Die Kinder können regelmäßig bei der Wiederverheirathung, in der communio prorogata auch bei schlechter Wirthschaft des parens die Abtheilung verlangen, außerdem erscheinen stellenweise Ansprüche des einzelnen Kindes, das großjährig wird, resp. sich verheirathet, auf Theilabfindung nur von dem Gut des Verstorbenen. Der Schichtung wird fast durchweg der Vermögensstand zur Zeit der Theilung zu Grunde gelegt.

Die Abweichungen von den vorstehenden Regelsätzen zu 1—3, die Schichtungsquoten, sowie die Theilabfindungsansprüche werden bei den einzelnen Statuten aufgeführt.

Wo die Veräußerung zulässig war, konnte auch vor dem 1. Jan. 1900 ein Gläubiger des Kindes in den Antheil unter gleicher Beschränkung wie der Cessionar Execution ausüben. Dies gilt auch jetzt noch, weil § 860 C.P.O. nach seiner Tendenz nur auf die fortgesetzte Gütergemeinschaft des B.G.B. Anwendung finden kann.

Dagegen hatte die Praxis früher in einzelnen Fällen auch die Antheile für pfändbar erklärt, welche das Kind nicht abtreten konnte, so z. B. in Pommern im Gebiet des lübischen Rechts und der Bauernordnung.[1]) Diese Pfändbarkeit erlischt in Folge der Zwangsvollstreckungsnorm des § 857 C.P.O. Daher wird jetzt die Abtretbarkeit für den Gläubiger wichtig.

In den anderen weitaus zahlreicheren Fällen ist der Zugriff des Gläubigers eingeschränkt auf die Pfändung des Anspruchs auf Auseinandersetzung. Aber dieser Anspruch wird existent und auch dann erst pfändbar[2]) mit der Auflösung der Gemeinschaft, also jedenfalls mit dem Tode des parens superstes. Auch mit der Wiederverheirathung tritt die Pfändbarkeit ein.

Wenn auch die Gesetze nicht überall klar sich darüber aussprechen, ob die zweite Ehe die Gemeinschaft mit dem Tode ipso jure[3]) beendet, oder ob erst die Schichtung die rechtliche Aufhebung herbeiführt, so wird dies doch zu bejahen sein, weil die an sich selbstständigen güterrechtlichen Wirkungen der zweiten Ehe einer Fortdauer des Verhältnisses zur gesammten Hand entgegenstehen.[4])

---

1) Entscheidung des O.L.G. Stettin in Sachen Pommerening contra Mendke; ungedruckte Entsch. des Otr. v. 17. Dec. 1869 in der Sammlung von Eccius § 31 Nr. 37.

2) Wilmowski und Levy, Anm. zu dem früheren § 754 C.P.O.

3) B.G.B. Mot. IV S. 467.

4) Bejaht ist dies für Hannoversche Rechte, H.M. Bd. IV S. 110, Niehaus, N.H.M. Bd. III S. 223, folgt für das Lübische Recht aus Art. 26, 28, Wilm. S. 218.

Wo dagegen der Gütergenosse aus persönlichen Gründen, sei es schlechte Wirthschaft des Vaters oder Selbstständigkeit des Kindes, Schichtung oder Theilabfindung verlangen kann, kann der Gläubiger nicht vor der Schichtung den Anspruch auf Auseinandersetzung pfänden und an Stelle des Kindes die Schichtung erzwingen, weil hier ein höchst persönliches Recht des Genossen in Frage steht, das er allein ausüben kann.

Von Interesse für die Gläubiger des gütergemeinschaftlichen Ehegatten des Kindes ist ferner, ob das pfändbare Antheilsrecht an der vorstehend erörterten fortgesetzten Gemeinschaft in die Gütergemeinschaft des Kindes fällt. Für die nach dem 1. Jan. 1900 geschlossenen gütergemeinschaftlichen Ehen erklärt § 1439 B.G.B. die unveräußerlichen Antheilsrechte für Sondergut, während die veräußerlichen Antheile in die Gemeinschaft fallen. Für die früheren Ehen war nach den dem A.L.R. unterworfenen Statuten dasselbe Princip schon durch § 363 Th. II, Tit. 1 gegeben. Gemeinrechtlich war die Frage sehr bestritten.[1]) Nach richtiger Ansicht ist sie zu verneinen. Gemäß Art. 59 A.G. werden daher die Antheile jetzt stets Vorbehaltsgut.

Die Vertretung des der elterlichen Gewalt unterstehenden Kindes, bei Rechtsgeschäften, für die das Statut die Zustimmnng des Gütergenossen fordert, richtet sich freilich nach § 1630 B.G.B.

III.

Fortfall des Kindes.

Während bei unveränderter Gemeinschaft die Rechte der Genossen im Wesentlichen fortdauern, führt der Tod des Abkömmlings nach dem 1. Jan. 1900 zu der Frage, welches Recht die Nachfolge in seinen Antheil bestimmt.

Auf den ersten Blick würde man annehmen, daß über die Rechtsnachfolge das B.G.B. entscheiden muß, weil dasselbe ja über die Intestaterbfolge nach dem 1. Jan. 1900 allein disponirt.[2])

Freilich können die verwandt erscheinenden Normen des § 1490 B.G.B. nicht eintreten, weil sie nur Anwendung finden auf diejenige fortgesetzte Gütergemeinschaft, die aus der gewillkührten Gemeinschaft des B.G.B. entstanden ist und weil sie gerade ausgehen von der Unvererblichkeit des An-

1) Allgemein bejahend: Runde § 35, Roth S. 108; verneinend: Stobbe IV S. 256, für einzelne Hannoversche Rechte Ritter, N.H.M. VIII S. 170, 201, IX S. 12 Pauli II S. 155.

2) § 213 E.G.

theils.[1]) Es müßte dann also das Erbrecht des B.G.B. Platz greifen, der Antheil des Kindes auf diejenigen Personen übergehen, welche nach B.G.B. ab intestato dem Kinde succediren, also z. B. falls das Kind unverheirathet stirbt, auf den parens und die Geschwister.

Dieser Satz läßt sich aber auch nicht vollständig durchführen, weil die Antheile an der fortgesetzten Gütergemeinschaft nicht überall passiv vererblich waren. Man kann kein Intestaterbrecht einführen, wo an sich die Beerbung ausgeschlossen war und daher ergiebt sich der Satz:

> Nach altem Recht ist zu prüfen, ob die Antheile im Wege der Vererbung wechseln. Wird dies bejaht, so entscheidet das neue Recht, wer den Antheil des Kindes erbt, wird die Frage verneint, so vollzieht sich der Eintritt des neuen Genossen nach altem Recht.

Ganz feststehend ist die Unvererblichkeit bei den dem Consolidationsprincip unterstehenden Statuten, dem lübischen Recht und der pommerschen Bauernordnung von 1616 in Theorie und Praxis angenommen.

Schwerer ist jedoch die Frage zu entscheiden bei den Statuten mit communio prorogata.

Zwar hat das Otr. für die älteren westfälischen Statuten die Vererbung allgemein ausgesprochen,[2]) die Motive des B.G.B. IV. S. 457 scheinen sie auch als logische Folge anzuerkennen.

Thatsächlich aber haben die meisten Statuten diese Consequenz nicht gezogen. Ursprünglich kannte die deutschrechtliche Gemeinschaft keine Erbfolge in die Antheile, wie diese sich auch nicht im Wege der Erbfolge bildeten, sondern eben nur Rechte an der Were. Der Antheil des Einzelnen fiel nach seinem Tode in die Were zurück, für ihn trat ein, wer berechtigt gewesen wäre, falls der Verstorbene nicht zur Were gehört hätte.[3])

Nur unter dem Eindruck des römischen Rechts schwächte sich dieser Rechtsgedanke ab. Ein Beweismoment ist dafür, daß die Verfügungsbefugniß unter Lebenden nicht soweit Eingang gefunden hat, wie die Befugniß zu testiren, obwohl beide bei der Annahme ideeller Antheilsrechte korrespondiren würden. Denn einzelne Statuten lassen zwar die Antheile auf die Intestaterben übergehen, gestatten aber dem Kinde keine letztwillige Verfügung.[4]) Aus dem Wesen jedes einzelnen Statuts ist daher die Vererblichkeit und mit ihr der Eintritt des neuen Rechts zu prüfen. Dies ist in der Zusammenstellung versucht und zwar ist nicht die Befugniß zu letztwilliger Verfügung, sondern schon der Uebergang auf die Intestaterben des

---

1) Mot. B.G.B. IV S. 458.

2) J.M. Bl. 1844 Beilage zu Nr. 33, Str.Arch. Bd. 35 S. 38, Roth S. 107 und die Mot. z. B.G.B. S. 457.

3) Schröder Bd. II 3 S. 176.

4) Pommersche Bauernordnung von 1764 Landrecht von Hadeln.

Kindes als ausreichend für die Loslösung des Statuts von dem Rechte der Were erachtet. Wo das alte Recht bestehen bleibt, ist seine Nachfolge aufgeführt.

Die vorstehenden Erwägungen müssen auch darüber entscheiden, ob etwa ein uneheliches Kind der Tochter, welche in der fortgesetzten Gütergemeinschaft lebt, bei dem Tod seiner Mutter miterbt oder durch die anderen Gütergenossen ausgeschlossen wird.

IV.

Wegfall des überlebenden Ehegatten.

Wie gestaltet sich nun das Rechtsverhältniß, wenn der parens ohne Schichtung nach dem 1. Jan. 1900 verstirbt?

Von der Auffassung des Gesammtguts ausgehend, war auch die Rechtsnachfolge der Kinder in das Gesammtgut keine Erbfolge, sondern eine Accrescenz der Were.[1]) Dafür spricht der Ausschluß der abgeschichteten Kinder von der Masse, der auch den unabgeschichteten Geschwistern gegenüber nach dem Tode des parens fortdauert.[2]) Aber auch hier verwischte die Reception den Grundgedanken. In allen hierher gehörenden Statuten erwuchs dem parens eine Testirbefugniß bezüglich des Gesammtguts und zwar regelmäßig in Höhe seiner Schichtungsquote,[3]) ausnahmsweise über das Ganze.

Im letzteren Falle wurde den Kindern das gemeinrechtliche Notherbrecht und Pflichttheilsrecht gewahrt; bei dem Regelfall war die Disposition theils unbeschränkt, theils ebenfalls dem Pflichttheilsrecht unterworfen.

Unbeschränkte Dispositionsfreiheit über die Schichtungsquote pflegt mit der Rechtswirkung der Todtheilung bei Schichtung unter Lebenden zu korrespondiren.

Wenn nun auch hiernach die Testirbefugniß ihrem historischen Ursprung gemäß keine Erbfolge, sondern nur die Auflösung der Gemeinschaft schaffen sollte, faßt die Praxis den Uebergang wohl durchweg als Erbrecht auf,[4]) während bei dem Tode des Kindes der Rechtsgedanke des Anwachsungsrechts sich noch in verschiedenen Statuten klar erhalten hat.

---

1) Schröder II 3 S. 152.

2) Pauli III S. 113, 114, 124—128, Michelsen Oberhof Nr. 24, gemeiner Bescheid von Hildesheim von 1637 bei Ebhardt Bd. II S. 250, Hardeck § 35.

3) Roth S. 106, 116, Stobbe S. 240, 245, Schröder II 3 S. 174, Esmarch S. 114, Niehaus N.H.M. III S. 191, Lüneburger Statut Theil IV Tit. 3 § 1, Koßmann S. 37.

4) Die Accrescenz hat sich noch erhalten in Fulda, cfr. Keller Kurh. M. 3 S. 265 und in Neuvorpommern, wo auch keine Erbschaftsantretung gefordert wird.

Da nun die Rechtsnachfolger fast stets dieselben Personen sein werden, nämlich die Descendenten, erscheint es angemessen für den Fall, daß der überlebende Ehegatte ohne Testament verstirbt, der Praxis nachgebend die Intestaterbfolge durchweg nach dem Recht des B.G.B. eintreten zu lassen.

Erheblich kann die Entscheidung für die Kollation und für das Miterbrecht etwaiger unehelicher Kinder und auch für die Schuldenhaftung werden. Wo die Masse mit Activen und Passiven übergeht, bleibt für die Rechtswohlthaten, die das B.G.B. den Erben gewährt, kein Raum.

Die Konkurrenz abgeschichteter Kinder wird zweckmäßig erst bei der Wirkung der Schichtung erörtert.

Die Testirbefugniß der Statuten muß aber jedenfalls erhalten bleiben.

Das B.G.B. bestimmt nichts darüber, welcher Antheil des überlebenden Ehegatten am Sammtgut als Nachlaß anzusehen ist.

Wenn man nun den Antheil des parens am Sammtgut als ideelle vererbliche Quote auffaßt, so wird dieser Antheil durch die Testirbefugniß begrenzt. Als Nachlaß ist dann das anzusehen, worüber der Ueberlebende testiren konnte.

Correspondirt die Testirbefugniß aber nicht mit dem Begriff des Nachlasses, — sei es, daß man das Antheilsrecht garnicht zum Nachlaß rechnet, sei es, daß man die Testirbefugniß über den Nachlaßumfang hinaus erweitert, oder sei es, daß man bei der Consolidation Alleinerbrecht des Ueberlebenden annimmt und die die Schichtungsquote umfassende Testirbefugniß als Einschränkung betrachten muß, — so liegen in allen diesen Fällen eben erbrechtliche Nachwirkungen des Güterstandes der ersten Ehe vor. Als solche wird auch die unbeschränkte — das Pflichttheilsrecht ausschließende — Dispositionsfreiheit über die Schichtungsquote anzusehen sein. Dagegen tritt, soweit früher ein Pflichttheilsanspruch des Gütergenossen gegeben war, an dessen Stelle die Pflichttheilsquote des B.G.B., entweder weil der Genosse nach B.G.B. Intestaterbe des parens geworden wäre, oder weil der Grundsatz des § 4 E.G. Platz greift.

Aus diesen Gründen bleibt die Testirbefugniß mit ihrer sachlichen Begrenzung bei den einzelnen Statuten in Wirksamkeit und ist ein ihr entsprechendes Testament gültig.

Daher erschien eine Aufzählung bei den einzelnen Statuten nöthig.

V.

Rechtswirkungen der Schichtung.

1. Der überlebende Ehegatte stirbt, nachdem er vor dem 1. Jan. 1900 mit allen Kindern geschichtet hatte.

Hier interessirt praktisch in hohem Grade, ob solche Schichtung noch nach dem 1. Jan. 1900 die Wirkung der Todtheilung hat. Unter Todtheilung versteht man den Verlust des Intestaterbrechts und des Pflichttheilsrechts gegen den überlebenden parens, der in zweiter Ehe beerbt stirbt. Dagegen behalten oder richtiger erhalten die Kinder meistens ein bedingtes Intestaterbrecht gegen den abfindenden parens für den Fall, daß derselbe keine weiteren ehelichen Kinder gewinnt.

Die bisher abgegebenen Stimmen verneinen die Frage.

Die Mot. zum A.G. heben als Begründung für die Ausschließung der Todtheilung bei den übergeleiteten Ehen hervor, daß diese Rechtsfolge die Gestaltung der Beerbung des letztlebenden Ehegatten betreffe.

Im Anschluß hieran hat der Regierungscommissar bei Gelegenheit der Besprechung des Art. 67 in der Herrenhauscommission erklärt, die Entscheidung der Frage, ob die Todtheilung bei den am 1. Jan. 1900 gelösten Ehen in Kraft bleibe, hänge davon ab, ob die Bestimmung als eine Vorschrift über die erbrechtliche Wirkung des Güterstandes der ersten Ehe anzusehen sei. Mit den Motiven nähme er das Gegentheil an, die künftige Beerbung des überlebenden Ehegatten würde sich ausschließlich nach den Vorschriften des neuen Rechts regeln, es handle sich aber lediglich um eine Frage der Auslegung des Reichsgesetzes. [1])

Auch in der Commission des Abgeordnetenhauses wurde die für die pommerschen Rechte beantragte Einführung der Todtheilung abgelehnt, weil die Mehrheit annahm, der Antrag griffe in das Intestaterbrecht des B.G.B. ein. [2])

Die Kommentare von Schmidt und Hodler citiren die Erklärung des Regierungscommissars, der erstere ohne Widerspruch, der zweite mit ausdrücklicher Zustimmung.

Folgt man diesen Erklärungen und den Motiven, so ist die Entscheidung gegeben. Der Ehegatte, der in fortgesetzter Gütergemeinschaft einer vor dem 1. Jan. 1900 aufgelösten Ehe geschichtet hat, wird nach dem 1. Jan. 1900 gemäß den Bestimmungen des B.G.B. beerbt, also von den

1) E.G. Art. 200, 213, Materialien zum A.G. S. 843.
2) Materialien S. 385.

Kindern erster und zweiter Ehe. Die abgeschichteten Kinder erster Ehe behalten dann auch ein Pflichttheilsrecht gegen ihn.

Diese Consequenz kann jedoch aus den nachstehenden Erwägungen nicht als richtig anerkannt werden:

Bei der Gegenüberstellung der beiden Bestimmungen des E.G. § 200 und 213 — erbrechtliche Wirkung des Güterstandes und Beerbung des überlebenden Ehegatten — wird zunächst übersehen, daß der § 200 des E.G. von der fortgesetzten Gütergemeinschaft, die am 1. Jan. 1900 bestand, nicht spricht, sondern eine am 1. Jan. 1900 bestehende Ehe voraussetzt. Insofern ist der Gegensatz also nicht präcis.

Man könnte nur folgendermaßen schließen:

Gehört die Wirkung der Schichtung an sich zu den erbrechtlichen Wirkungen des Güterstandes, so würde diese Wirkung ohne das A.G. bei den am 1. Jan. bestehenden Ehen erhalten geblieben sein, sie müßte also umsomehr für die Rechtsverhältnisse der durch Tod aufgelösten Ehen erhalten bleiben, da die Auflösung der Ehe durch den Tod diesen Charakter nicht ändern kann. Andererseits aber reicht die Negative, daß die Wirkung der Schichtung nicht zu den erbrechtlichen Folgen des Güterstandes gehört, nicht aus, um die Todtheilung zu beseitigen, weil diese abgesehen hiervon als selbstständige Consequenz des nicht berührten Rechtsverhältnisses der fortgesetzten Gütergemeinschaft angesehen werden könnte.

Daraus ergiebt sich der Schluß, daß die Beseitigung der Todtheilung mit Bestimmtheit nur dann anzunehmen ist, wenn die Wirkung dem Art. 213 E.G. als rein erbrechtliche Folge unterzuordnen ist.

Dies ist m. E. zu verneinen. Art. 213 E.G. unterstellt die Erbfolge und zwar sowohl die Succession nach Gesetz, als die aus Testament und Erbeinsetzungsvertrag (letztere mit den Modificationen der Art 215 u. 216) dem neuen Recht. Die Wirkung der Schichtung ist aber Ausschluß des konkreten Erbrechts und zwar durch Vertrag unter Lebenden.

Das vertragliche Moment, welches von der in den Motiven vertretenen Anschauung nicht berücksichtigt wird, ist gerade von ausschlaggebender Bedeutung. Die Wirkung des Schichtungsvertrages tritt nicht ein mit dem Tode des überlebenden Ehegatten, sondern mit der Schichtung selber. Sie giebt dem parens superstes sofort die Dispositionsfreiheit.

Die Intestaterbfolgeordnung wird durch die Schichtung nicht geändert, sondern nur das Erbrecht des Abgeschichteten wird beseitigt. Dies folgt schon daraus, daß der parens nach den meisten Statuten eines der Kinder allein abschichten kann und daß die Abgeschichteten trotzdem bei der Intestaterbfolge die entfernteren Intestaterben ausschließen können.[1])

---

1) Entsch. des Otr. Band 62 S. 154.

Die vertragliche Ausschließung von dem Erbrecht nach dem lebenden parens ist aber nichts anderes, als ein Erbverzicht. Giebt nun das Gesetz der Schichtung den Inhalt eines Erbverzichts, so findet die klare gesetzliche Bestimmung des Art. 217 des E.G. Anwendung, welche lediglich dem allgemeinen Grundsatz des Art. 170 und dem inneren Wesen des Rechtsverhältnisses entspricht, daß das wohlerworbene Recht des abfindenden parens den Kindern gegenüber erhalten bleiben muß. Dieser Auffassung der Todtheilung als Wirkung eines Erbverzichts steht auch der Umstand nicht entgegen, daß parens oder Kind die Schichtung unter gewissen Voraussetzungen verlangen können. Das Gesetz giebt dem Gemeinschaftsgenossen eben den Anspruch auf Abschließung des Vertrages mit bestimmtem Inhalt und Wirkungen; die Wirkung knüpft das Gesetz aber stets an die vertragliche Willenserklärung resp. an deren Surrogat, das Urtheil.

Dafür spricht auch schon der Umstand, daß das Gesetz Formvorschriften voraussetzen kann. [1])

Auch bei der Erbtheilung bleibt die Natur des Erbrezesses als Vertrages und Vergleiches bestehen, obschon der Miterbe einen klagbaren Anspruch auf Vollziehung und Theilung hat. [2])

Sieht man aber von dem Medium des Vertrages ab, so bleibt doch noch zu prüfen, ob die Wirkung der Schichtung nicht eine nothwendige Consequenz der fortgesetzten Gütergemeinschaft ist, oder als erbrechtliche Wirkung der gütergemeinschaftlichen Ehe aufgefaßt werden muß.

Diese Frage ist für die Praxis schon erörtert. Wir besitzen eine nicht unerhebliche analoge Judicatur für westfälische Verhältnisse. Dort kannte man bei den verschiedenen älteren Statuten, welche bei Einführung des Landrechts bestanden, z. B. Paderborner, Ravensberger, Münster'schen Gütergemeinschaft Todtheilung, zum Theil sogar mit der Modification, daß auch das Erbrecht des parens gegen das abgeschichtete Kind erlosch.

Diese Statuten, zunächst beseitigt durch die französische Eroberung, wurden durch eine Verordnung vom 8. Jan. 1816 soweit wieder hergestellt, als ihre Rechtssätze mit der Gütergemeinschaft in nothwendigem Zusammenhange standen, während ihre rein erbrechtlichen Normen beseitigt blieben. [3]) Dann folgte das Gesetz vom 16. April 1860, welches die Todtheilung nicht kennt und im § 22 bestimmt, daß die vermögensrechtlichen

---

1) Wilmowski, Lübisches Recht S. 238.

2) Ich weise für die ältere Literatur auch hin auf die Ausführungen bei Koch, Erbrecht S. 882, in der ebenfalls die Schichtung als Erbverzicht behandelt wird. Es kann dabei ganz dahin gestellt bleiben, ob die an jener Stelle von Koch gefolgerte Mitzählung des abgeschichteten Kindes bei der Pflichttheilsberechnung für das Landrechtsgebiet richtig ist, denn der statutarische Erbverzichtsvertrag braucht noch nicht dem § 488 Th. II Tit. 2 A.L.R. subsumirt zu werden; cfr. Ubbelohde S. 40 für Lüneburg. R.

3) Welter-Schulz, Vorwort und § 44.

Verhältnisse aus den vor dem Jahre 1861 geschlossenen Ehen nach den früheren Rechtsquellen zu beurtheilen seien.

Vielfach wurde nun streitig, zunächst ob die Todtheilung noch nach der Verordnung von 1816 bestehe und ob sie auch dann in Kraft trete, wenn der überlebende parens unter der Herrschaft des Gesetzes von 1861 starb.[1])

In allen diesen Fällen hat das Otr. in constanter Praxis daran festgehalten, daß die Todtheilung als nothwendige Folge der Gütergemeinschaft durch die Verordnung von 1816 wieder hergestellt sei und daß sie auch nach dem 1. Jan. 1861 eintrete, wenn nur die erste Ehe unter der Herrschaft des alten Statuts geschlossen sei. Das Otr. sieht die Wirkung als eine nothwendige vermögensrechtliche Folge der ersten gütergemeinschaftlichen Ehe an.

Das diesseits in den Vordergrund gestellte Moment des vertraglichen Verzichts wird nicht als entscheidender Grund hervorgehoben, weil es für die Wechselbeziehungen der in Frage kommenden Gesetze keine selbständige Bedeutung hatte.[2]) Im Uebrigen war aber das Eingreifen der neuen Gesetzgebung ein ganz analoges. Erhalten blieben auch damals die Normen, welche die erbrechtlichen Verhältnisse des Güterstandes regelten, nicht die rein erbrechtlichen Vorschriften der früheren Gesetze.

Man wird daher aus diesen Gründen die Fortdauer der Todtheilung zugestehen müssen, mindestens deshalb, weil sie mit der fortgesetzten Gütergemeinschaft untrennbar verknüpft war. Schichtgeber und Schichtnehmer konnten eben nur unter dieser Bedingung Schichtung verlangen und erhalten. Der Rechtsakt der Schichtung mit allen seinen Wirkungen bleibt ein einheitliches Ganzes.

Schließlich erscheint es auch aus wirthschaftlichen Gründen zweckmäßig, die an sich gesunde und den Verhältnissen des Bauernstandes angepaßte Rechtsfolge für die bestehenden Verhältnisse zu erhalten.

Durch die Todtheilung erhält das Kind die ganze Hälfte des gütergemeinschaftlichen Vermögens eher, als wenn es auf die Beerbung warten müßte. Dieser pecuniäre Vortheil ist eine genügende Compensation für den Erbrechtsverlust. Der abfindende parens behält nur die Hälfte des gütergemeinschaftlichen Vermögens, also wenn er den größeren Theil eingebracht hat, nicht einmal seine Illaten. Als Compensation dafür muß er doch wenigstens die Testirfreiheit erhalten. Der zweite Ehegatte tritt in die

---

1) Otr. 6 S. 225, 28 S. 290, 43 S. 217, 54 S. 200, 60 S. 175, 62 S. 148, 71 S. 276, 83 S. 143.

2) Es wird aber auch in der Entsch. Bd. 83 S. 143 der Erbverzicht der Schichtungsinteressenten erwähnt.

Ehe hinein nur unter der Voraussetzung, daß das sich jetzt bildende gemeinschaftliche Vermögen schließlich für seine Kinder bestimmt ist.

Man wird auch die Bestimmungen des B.G.B. als zeitgemäßere dem nicht entgegenstellen können, weil dieselben immer nur eine gewillkührte Gütergemeinschaft voraussetzen. Bei den altrechtlichen Ehen konnten die Eheleute der ersten Ehe derartige Folgen nicht voraussehen und zu größeren Härten würde es dort führen, wo die zweite Ehe schon längere Zeit vor dem 1. Jan. 1900 bestanden hat.[1]) Dazu kommt noch, daß nur durch Verfügung von Todeswegen in Gemäßheit des § 2050 B.G.B. eine Ausgleichung bezüglich des Vorempfangenen erreicht werden könnte und daß gerade die in Frage kommenden Personen sich nur langsam in das neue Recht einleben werden.

2. In Frage kommt weiter, ob nach dem 1. Jan. 1900 Schichtung mit Todtheilung vom parens verlangt werden oder von den Kindern abgelehnt werden kann. Tritt Todtheilung ein, wenn ohne besondere Erklärung nach altrechtlichen Grundsätzen und Quoten geschichtet wird?

Die Bejahung der ersteren Frage zieht die der letzteren nach sich und man wird, wenn hier auch der § 217 des E.G. eben nicht herangezogen werden kann, doch sinngemäß nach den vorher entwickelten Grundsätzen auch hier das Recht auf Todtheilung dem schichtenden parens geben müssen.

Es wird sich allerdings empfehlen, die Erklärung des Erbverzichts möglichst ausdrücklich in den Vertrag hineinzunehmen.

3. Ob die zweite Ehe vor oder nach dem 1. Jan. 1900 geschlossen ist, wird für beide Schichtungsfälle unerheblich sein, weil eben die Wirkung mit der Schichtung eintritt.[2])

4. Der parens stirbt, nachdem er einzelne Kinder abgesondert hatte.

Ob der parens in diesem Falle von den abgesonderten Kindern mitbeerbt wird, oder nur von den unabgesonderten, hängt von der Tragweite der Bedeutung des Absonderungsakts ab. Wo das alte Recht an sich die Absonderung aus der Gemeinschaft mit der Wirkung gestattete, daß der Abgesonderte von den Unabgesonderten ausgeschlossen wurde, also z. B. im altpommerschen Gebiet des lübischen Rechts und in Hannoverschen Rechten, muß diese Wirkung auch noch bestehen bleiben; für die vor dem 1. Jan. 1900 vorgenommene Absonderung deshalb, weil auch hier ein vertraglicher Aus-

---

1) In einzelnen Rechten, z. B. Wursten, Verden, beträgt die Schichtquote des p. s. ja nur einen Kopftheil!

2) In älterer Zeit sehr bestritten. Viele Germanisten meinten, die zweite Ehe müsse demselben Rechtsgebiet angehören: cfr. Otr. Bd. 30 S. 150, 37 S. 237, Wilmowski S. 245, Voigt, Anwaltszeitung 1862 Nr. 17. Die Praxis scheint aber über diese Controverse — wenigstens in Pommern — hinweggegangen zu sein; der gegebene Erbrechtsverlust kann nicht davon abhängen, unter welchem Recht die spätere Ehe des parens superstes steht.

schluß von dem Erbe des Ueberlebenden vorliegt, für die nach dem 1. Jan. 1900 sich vollziehende Absonderung deshalb, weil das Recht des überlebenden parens als nothwendige Consequenz der fortgesetzten Gütergemeinschaft erhalten bleiben muß. Freilich kommt in der Praxis solche Absonderung nur noch selten vor.

5. Der überlebende parens stirbt nach der Schichtung mit den Kindern erster Ehe, ohne weitere eheliche Kinder erhalten zu haben. Nach dem alten Recht hatten die Kinder erster Ehe, wo Todtheilung galt, in solchen Fällen fast regelmäßig ein Intestaterbrecht ohne Pflichttheilsrecht. Dies Intestaterbrecht war nicht das Erbrecht des Kindes, sondern das Erbrecht des nächsten Blutsverwandten. Es war also ein reines neues Erbrecht, welches dem Kinde erwuchs, nicht etwa lebte das alte Kindeserbrecht wieder auf.

Diese Auffassung correspondirt auch mit dem vorhin entwickelten Character der Schichtung als eines Erbverzichts. Wenn das alte Kindeserbrecht wieder auflebte, würde man den Erbverzicht nur als bedingten auffassen können und dann naturgemäß auch das Pflichttheilsrecht geben.

Da es sich hier um ein reines Erbrecht handelt, muß in solchem Fall der Abkömmling auch nach dem 1. Jan. 1900 den parens beerben und zwar in Gemäßheit des Art. 213 E.G. nach den Normen des B.G.B.; nach diesem bestimmt sich auch die Erbquote des Kindes.

Dagegen bleibt der Ausschluß des Pflichttheilsrechts und die Dispositionsfreiheit des parens bestehen, weil diese nach den zu 2 und 3 entwickelten Grundsätzen Wirkung des Schichtungsvertrages sind.

Ob die Schichtung vor oder nach dem 1. Jan. 1900 stattgefunden hat, kann hier keinen Unterschied machen.

Ob die zweite unbeerbte Ehe vor oder nach dem 1. Jan. 1900 geschlossen ist, kann hier freilich von Bedeutung sein. Denn war die zweite Ehe vor dem 1. Jan. 1900 geschlossen, so wird fast immer bei der Beerbung des parens binubus für und gegen den hinzutretenden Ehegatten das neue Recht nur dann in Anwendung kommen, wenn er es wählt; wählt er es nicht, so wird der parens binubus nach altem Recht beerbt dann bleibt auch für die abgeschichteten Kinder erster Ehe nur der Erbtheil übrig, den ihnen das alte Recht gewährt.

VI.

Nachtheile der Wiederverheirathung.

Die Wiederverheirathung des Ueberlebenden hatte auch außerhalb des Gebiets der fortgesetzten Gütergemeinschaft nach den Statutarrechten verschieden gestaltete Wirkungen, deren Bedeutung zu prüfen ist.

Meist endigten Beisitz und Leibzucht, oder es trat Pflicht zur Inventarisirung oder Cautionsleistung ein, eine Reihe von Particularrechten hatte die aus dem römischen Recht stammenden poenae secundarum nuptiarum zum Theil modificirt als statutarische Normen aufgenommen. Danach verliert der Ueberlebende die lucra nuptialia, ferner einen Erbtheil, den er als Miterbe eines ersteheliehen Kindes aus dem Vermögen des Erstverstorbenen Gatten erhalten, vereinzelt auch das Eigenthum an gewissen Vermögensgegenständen,[1]) und er wird in seiner Testirbefugniß und Schenkungsfreiheit, gegenüber dem zweiten Ehegatten zu Gunsten der Kinder erster Ehe beschränkt.[2])

Diese Strafbestimmungen haben mit dem Güterrecht auch dort nichts zu thun, wo sie nicht als subsidiäre Rechtsnormen anzusehen sind; sie fallen fort und zwar die Beschränkung bezüglich der Zuwendungen an den zweiten Gatten selbst dann, wenn die Wiederverheirathung vor dem 1. Jan. 1900 erfolgte. Die anderen Nachtheile bleiben im letzten Fall bestehen, da dritten Personen vor jenem Zeitpunkt präsente Rechte erworben waren.

Insoweit dagegen die zweite Heirath eine Pflicht zur Schichtung, Endtermine für den Beisitz oder Beschränkung des Nutzungsrechts durch Inventar oder Sicherstellung feststellte, bleiben diese Wirkungen als Normen des Güterrechts bestehen, auch wenn die zweite Heirath nach dem 1. Jan. 1900 erfolgte.

Nur diese letzteren Einwirkungen sind in der Zusammenstellung erwähnt.

VII.

Die übergeleiteten Ehen.

1. Nur die Erbrechte, welche das A.L.R., der Code civil und das Dotalrecht dem überlebenden Ehegatten geben, verschwinden gänzlich aus dem

1) Bendorf cf. Sayn S. 38.

2) Wegen des Einflusses auf die rein gemeinrechtlichen Normen vergl. Habicht, Die Einwirkung des B.G.B. S. 613 fg.; dort ist auch nachgewiesen, daß der Zeitpunkt der Zuwendung gleichgültig.

Kreise der übergeleiteten Ehen, weil sie durchweg keine erbrechtlichen Wirkungen des Güterstandes sind.[1])

Im Gebiet der westfälischen Gemeinschaft und der pommerschen Bauernordnungen werden die früheren erbrechtlichen Folgen fast ganz oder doch zum Theil aufrecht erhalten und für die anderen zahlreichen Partikularrechte die Beerbung nach dem Statut theils überhaupt, theils für den Fall unbeerbter Ehe, derart in den Willen des überlebenden Ehegatten gelegt, daß er während der Ausschlagungsfrist die Erbfolge nach B.G.B. wählen muß, wenn nicht sonst die Wirkung des alten Rechts eintreten soll. Den Territorien nach sind die einzelnen Fälle im zweiten Abschnitt zusammengestellt. Es kommen im Wesentlichen die 7 Provinzen: Pommern, Brandenburg, Westfalen, Schleswig-Holstein, Hannover, Hessen-Nassau, Rheinprovinz in Betracht.

2. Die Erhaltung der statutarischen Rechte am Nachlaß des Erstverstorbenen oder an der Gütergemeinschaftsmasse war zulässig, weil das A.G. die Rechte ausdrücklich als erbrechtliche Wirkungen des Güterstandes deklarirte.[2]) Art. 200 und 213 des E.G. stehen selbst dort nicht entgegen, wo früher reines Intestaterbrecht des Ehegatten bestand, das unabhängig von der Güterordnung eintrat.[3]) Zwar reicht der Vorbehalt des Art. 218 E.G. nicht aus;[4]) nach dem 1. Jan. 1900 wird das Landesgesetz die bestehenden reinen Intestaterbrechte nicht zu erbrechtlichen Wirkungen des Güterstandes umformen können. Art. 218 giebt dem Landesrecht nur die Befugniß zur Abänderung, d. h. zur Beseitigung des Gütererbrechts, zur Regelung der Entziehbarkeit; wohl aber konnte bis zum 1. Jan. 1900 das Landesrecht Gütererbrechte schaffen und diese bleiben, weil Art. 200 die am 1. Jan. 1900 bestehenden Gütererbrechte umfaßt.[5]) Insbesondere hat auch das A.G. die Zweifel beseitigt, ob Beisitz und Leibzucht am Nachlaß des Ehegatten als Gütererbrecht anzusehen sind, außer in Althessen[6]) läßt es sie als Nachwirkung der Güterordnung überall fortbestehen.[7]) Es scheint auch selbst die Fälle nicht ausschließen zu wollen, in denen derselbe in beerbter Ehe nach Schichtung der Gemeinschaft eintritt (s. oben S. 2 N. 3), da hier jedoch ein klares elterliches Recht in Frage steht, kann kein Gütererbrecht geschaffen werden.

---

1) Mot. A.G. S. 145, 156, 164, 206.

2) Art. 46 § 2.

3) Z. B. bei der unbeerbten Lübischen Ehe, die dem Wittwer eine Erbquote am Sondergut der Frau gewährte, cfr. Pauli II S. 72.

4) Wie anscheinend Gerhard u. Stranz, Vorbem. zu Art. 48 Anm. 40 annimmt.

5) Mat. A.G. S. 381.

6) Wo es nach Habicht in Gruchot 42 S. 445 auch in der Dotalehe bestehen soll.

7) Mot. S. 193, 196. Noch neuerdings ist für das Nassauische Recht der Solmser L.O. von Fohr der Charakter des Intestaterbrechts in eingehender Darlegung vertheidigt. Arch. f. civ. Pr. 91 S. 103 fg.

Welche Normen für die Wirkung der Wiederheirath als Consequenzen der Güterordnung bestehen bleiben können, ist zu VI gezeigt.

3. Durchweg hat der überlebende Ehegatte in den gegebenen Fällen das Recht, nach dem B.G.B. zu erben; wählt er es nicht, so entscheidet das Reichsrecht doch, wer neben ihm succedirt und dies Moment wird von praktischer Bedeutung für die Entschließung des Ueberlebenden sein, weil die Statutarquote fast durchweg gleich hoch, die reichsrechtliche Quote progressiv, von dem Verwandschaftsgrade des Miterben abhängt.

Aber selbst da, wo das A.G. statutarische Gütererbrechte bestehen läßt, muß sinngemäß neben diesem alten Recht das Reichsrecht für die Beerbung in das Sondergut des Verstorbenen dort eingreifen, wo vor dem 1. Jan. 1900 diese Beerbung nicht nach dem Statut, sondern nach subsidiärem Recht stattfand. Namentlich im Gebiet der reinen Gütergemeinschaftssysteme tritt solche verschiedene Beerbung hervor, weil man in der Praxis mehr und mehr der Zuwendung dritter Personen begegnet, welche bestimmungsgemäß vom Sammtgut ausgeschlossen ist. Diese unterliegt nicht der statutarischen Erbfolge, sondern dem subsidiären Recht.[1]) Dies Sondergut gehört nun zwar zum Nachlaß des Erstverstorbenen, das A.G. könnte auch trotz des § 4 des E.G. mit Rücksicht auf die oben angegebenen Gründe bis zum 1. Jan. 1900 an sich ein Gütererbrecht schaffen, welches dieses Sondergut umfaßt; aber das A.G. hat offenbar lediglich die statutarischen Rechte, — nicht die Erbfolge des subsidiären Rechts, welche es ja selbst nicht als Gütererbrecht ansieht — erhalten wollen. Wo dagegen z. B. bei den Errungenschaftssystemen, bei dem lübischen Recht das Statut selbst eine Beerbung in das Sondergut kannte, bleibt diese bestehen. Zweckmäßig werden daraufhin die betreffenden Bestimmungen der Statuten zu prüfen sein.

4. Das Statut tritt nach dem A.G. nur ein bei Intestaterbfolge. Es fällt auch in diesem Fall in Gemäßheit des Art. 59 fort, wenn die Voraussetzungen des § 1933 B.G.B. vorliegen.

Ob das statutarische Gütererbrecht durch letztwillige Verfügung des Erstverstorbenen entzogen werden kann, entscheidet ebenfalls das alte Recht. War dasselbe unentziehbar, so wird ein neuer Entziehungsgrund dadurch gegeben, daß die §§ 2335—37 B.G.B. für anwendbar erklärt werden. Dagegen schließt die Unentziehbarkeit an sich die Anwendbarkeit des § 1933 B.G.B. nicht aus.[2]) Die Gegenüberstellung in den Motiven Seite 216 ist eine rein formale.[3])

---

1) Eccius 5. Aufl. Bd. IV § 211 Anm. 65, Keller, Fulda'sches Recht, Kurh.M. Bd. III S. 251, 264, N.H.M. Bd. VIII S. 169, 181.

2) Wie Waldow Anm. zu 59 annimmt. Ebenso Habicht, Einwirkung S. 588,

Freilich sind §§ 1933 und 2335 fg. B.G.B. nur sinngemäß anwendbar, also nur da, wo die statutarischen Vortheile wirkliche Rechte gegen den Nachlaß des Erstverstorbenen darstellen können, sei es, daß eine Quote von dem wirklichen Nachlaß oder Nutzungsrechte, oder daß bei Gütergemeinschaft neben der Abtheilung ein Erbtheil gewährt wird.

Wo das Statut, wie z. B. vielfach bei Gütergemeinschaft dem Ueberlebenden nur die Hälfte des Sammtguts gewährt, verbleibt diese stets dem Ueberlebenden.

Es erschien daher zweckmäßig, bei den einzelnen Statuten die Testirbefugniß des Erstversterbenden, sowie die Wirkung dieser reichsrechtlichen Bestimmungen zu fixiren.

5. Die gesetzliche Erbfolge kann nun auch trotz der Existenz eines Testaments eintreten, wenn dasselbe durch Anfechtungsklage oder durch Ausschlagung seitens des zu Erben eingesetzten Ehegatten beseitigt wird. (§§ 1948, 2171 B.G.B.) Nach ausdrücklicher Hervorhebung in den Motiven soll auch die Ausschlagung das statutarische Gütererbrecht eintreten lassen. [1]) Die Zulässigkeit dieser übrigens im Gesetz nicht ausgesprochenen Intention erscheint doch bedenklich. Aus § 1948 B.G.B. kann diese Folge nicht gezogen werden; denn diese Norm läßt als Wirkung der Ausschlagung nur das Erbrecht des B.G.B. eintreten. § 1948 ist auch eine rein erbrechtliche Bestimmung, die sich nicht gut sinngemäß auf das Gütererbrecht ausdehnen läßt. Das gesetzliche Erbrecht des Ehegatten tritt hier ein als Wirkung der Ausschlagung und es erscheint nicht logisch, daß die Bestimmung des B.G.B. den Eintritt des Statutarrechts nach sich ziehen soll.

Die Motive erwähnen den Fall bei Besprechung des märkischen Rechts. Dort führen aber die Eigenthümlichkeiten des Statuts dahin, daß der eingesetzte Ehegatte gegen das Testament stets zunächst als Erbe aus dem Statut angesehen wird.

VIII.

Die nicht übergeleiteten Ehen.

Nicht übergeleitet werden diejenigen älteren Ehen, welche unter der Herrschaft eines Statutarrechts errichtet waren, das an sich schon vor dem 1. Jan. 1900 beseitigt war. Soweit das betreffende Statutarrecht dem

---

der aber daselbst Anm. 1 anerkennt, daß die Fassung der Motive ungenau, der Bedeutung des § 1933 nicht entspricht.

3) Cfr. auch Mot. 148.

1) Cfr. Mot. S. 148, Gerhard u. Stranz S. 300.

Ehegatten erbrechtliche Vortheile verleiht, die aus dem Güterstande entspringen, bleiben diese Rechte auch noch jetzt erhalten.

Hier wäre also eine entsprechende Prüfung nothwendig.

Die betreffenden Güterrechte sind im zweiten Abschnitt mit aufgeführt, ihre Vorschriften jedoch mit Rücksicht auf die geringere praktische Bedeutung nur kurz hervorgehoben.

Zweiter Abschnitt.

Territorien und Statuten.

Provinz Ostpreußen.

I. Es gilt Gütergemeinschaft nach dem A.L.R. für die Ehen Nichtadliger.

a) Für die bestehenden Ehen tritt die G.G. des B.G.B. ein, aber ohne fortgesetzte G.G. (Art. 47).

b) Bei den am 1. Jan. 1900 durch Tod aufgelösten Ehen bleibt der etwa eingetretene Beisitz des A.L.R. (§§ 646 fg. II 1) bestehen.

II. Für die Ehen, bei denen der Ehemann zur Zeit der Eheschließung adlig gewesen ist, galt Verwaltungsgemeinschaft nach A.L.R. Es tritt dafür das gesetzliche Güterrecht des B.G.B. ein, bleibt aber das Wahlrecht der Cöllmischen Hälfte für den Todesfall bestehen. — Die Cöllmische Hälfte ist die Hälfte des beiderseitigen Vermögens mit Ausnahme des Vorbehaltsguts und eines Voraus. Die Schulden werden vor der Berechnung abgezogen.[1]) Bei Ableben eines Ehegatten nach dem 1. Jan. 1900 treten für die Ueberlebenden die nachstehenden Befugnisse ein:

In Ermeland:

Dem Ueberlebenden steht das Wahlrecht zu

bei unbeerbter Ehe	bei beerbter Ehe
zwischen 1. der Cöllmischen Hälfte, wobei dem Wittwer Nießbrauch der anderen Hälfte zufällt oder 2. Sonderung des Vermögens und Erbquote des B.G.B. am Nachlaß[2]) des Erstverstorbenen oder 3. a) dem lebenslänglichen Nießbrauch am Nachlaß für den Wittwer, b) Witthum und Wohnungsrecht für die Wittwe.	der Wittwe, wie bei unbeerbter Ehe, dem Wittwer, das Wahlrecht zwischen den nebenstehend zu 1—2 verzeichneten Rechten unter Wegfall des Nießbrauchsrechts.

---

1) Vergl. im Uebrigen Neubauer S. 2 u. 3, Brünneck, Güterrecht von Todeswegen im Rechte des Adels von Ostpreußen und Litthauen, Leman, Cöllmische Gütergemeinschaft, Ostpreußisches Provinzialrecht Zusatz 96.

2) § 4 E.G.

In Ostpreußen und Litthauen:

Wahlrecht des Wittwers		Wahlrecht der Wittwe	
bei unbeerbter Ehe	bei beerbter Ehe	wenn die Voraussetzungen des Zusatzes 96 § 3 über Einbringung einer Mitgift vorliegen:	wenn die Voraussetzungen des § 3 nicht gegeben sind:
das gleiche Wahlrecht wie in Ermeland.	Wahlrecht zwischen 1. Erbrecht nach B.G.B. oder 2. Nießbrauch an der Hälfte des Frauenguts, sowie dem Erbtheil der Stiefkinder.	Gleiches Wahlrecht wie in Ermeland.	Wahlrecht zwischen Erbquote d. B.G.B. oder Witthum ohne Wohnungsrecht.

In Ermeland wurden die den Kindern verschriebenen Lehngüter mit zur Masse gerechnet.

Die Wahlfrist beträgt überall ein Jahr. Bei Versäumung geht das Wahlrecht auf die Miterben über.

Das Wahlrecht ist durch einseitig letztwillige Verfügung nicht entziehbar. Sondergut vererbt sich nach B.G.B.

Für die am 1. Jan. 1900 gelösten Ehen gelten dieselben Bestimmungen mit dem Unterschied, daß die Erbquoten nach A.L.R. §§ 621 fg. Th. II Tit. 1 zu berechnen waren (cfr. Mot. S. 145).

Provinz Westpreußen.

Für die Ehen Adliger gilt die Verwaltungsgemeinschaft, für die anderen Ehen die Gütergemeinschaft des A.L.R. Beide werden in die Gütergemeinschaft des B.G.B. übergeleitet.

Nicht übergeleitet werden folgende Ehen:

1. Die vor dem 1. April 1869 geschlossenen Ehen Adliger. Für diese bleibt das dem Ueberlebenden zustehende Wahlrecht als erbrechtliche Wirkung des Güterstandes mit der Maßgabe bestehen, daß das B.G.B. an Stelle des A.L.R. eintritt. Der Ueberlebende kann also wählen, ob er nach B.G.B. oder nach den früheren Gesetzen — hauptsächlich der Instruktion vom 21. Sept. 1773 — erbte.[1])

2. Die vor dem 1. Okt. 1857 geschlossenen Ehen im Bezirk der Stadt Danzig. Für diese besteht das Wahlrecht zwischen der Quote des B.G.B. und dem Erbrecht des Danziger Rechts.[2]) Das letztere Recht gab dem Ueberlebenden die Cöllmische Hälfte und auch den Nießbrauch, falls keine Descendenten miterbten.[3])

1) Vergl. hierüber Neubauer S. 5.
2) Kulmisches Recht von 1767 und Danziger Willkühr von 1761.
3) Vergl. Strombeck, Westpr. Provinzialr. Bd. III S. 107, 108, 103.

Provinz Pommern.

In Pommern galten folgende Statuten:

1. Reine Gütergemeinschaftssysteme:

a) Bauerordnung von 1764 auf dem platten Lande von Altpommern und in Jacobshagen, Zachan, Grabow (jetzt Theil von Stettin).

b) Magdeburger Stadtrechte (Stettin, Pölitz, Pyritz, Altdamm, Gartz mit den zugehörigen Ortschaften).

2. Deutschrechtliche Verwaltungsgemeinschaft, die sich der Gütergemeinschaft nähert.

a) Lübisches Recht mit verschiedenen Modifikationen in allen hier nicht besonders benannten Städten mit den betreffenden Kämmereidörfern.

b) Bauerordnung von 1616 mit Patent vom 12. Nov. 1804 auf dem platten Lande Neuvorpommern und Rügen, sowie in den Städten Franzburg und Richtenberg.

3. Märkisches resp. Neumärkisches Recht in den Städten Pasewalk, Fiddichow, Nörenberg, Callies, Dramburg, Falkenburg, Schievelbein nebst verschiedenen Ortschaften, die früher zur Mark gehört hatten.

4. Gütergemeinschaft des A.L.R. in den Kreisen Lauenburg und Bütow mit den dazu gehörigen Städten, sowie in den Ortschaften Christiansberg, Giesen, Heideschäferei, Louisenthal, Neukrug, Weißbruch, Groß-Popplow, Blumenwerder, Heinrichsdorf bei Tempelburg, Reppow, Wahrlang, Brutzen, Hagenhorst.

5. Für die von den vorbezeichneten Statuten Eximirten galt in Altpommern Verwaltungsgemeinschaft des A.L.R., in Neuvorpommern das Dotalrecht. Dasselbe findet auch Anwendung auf diejenigen Ehen, welche vor Publikation des Gesetzes vom 8. April 1857 in Franzburg und Richtenberg oder von solchen Personen, die damals von der B.O. von 1616 eximirt waren, geschlossen sind.

Die Exemtion hat nicht überall den gleichen Umfang.[1]) In Altpommern gilt zwar zunächst die Exemtion in den von der allgemeinen Gerichtsordnung gegebenen Grenzen, für die Bauerordnung von 1764 treten aber noch die Eigenthümer der früheren Rittergüter hinzu.[2]) In Neuvorpommern ist der Kreis der Eximirten enger, er umfaßt in dem Rechtsgebiet des dortigen Lübischen Rechts nur Adlige, falls sie kein Bürgerrecht erworben haben, Staatsbeamte, Offiziere, und Militärbeamte,[3]) im Gebiet der Bauerordnung von 1616 Offiziere des stehenden Heeres, Rittergutsbesitzer, Adlige, Geistliche, Königliche Beamten.[4])

---

1) Wie Fricke anzunehmen scheint.
2) Otr. Rechtsfälle Bd. IV S. 235.
3) Neuvorpomm. Statutarr. S. 127 fg., Neubauer S. 14.
4) Ges. vom 8. April 1857. Landwehroffiziere sind dort nicht eximirt.

Die zu 1 und 2 erwähnten Statuten treten mit Ausnahme des Lübischen Rechts und der seinem System zugehörigen Stadtrechte von Anclam, Treptow a. Toll, Wolgast, Bergen, Gartz a. R. in die Gütergemeinschaft des B.G.B. über. Die letzterwähnten Stadtrechte folgen dem gesetzlichen Güterrecht durchweg, die Stolper Ehen der Gütergemeinschaft des B.G.B.; sonst ist im Lübischen Gebiet zu unterscheiden, ob die Ehe über den 1. Januar 1900 hinaus kinderlos bleibt.

So lange dies der Fall, greift auch hier das gesetzliche Güterrecht Platz; ist die Ehe aber am 1. Jan. 1900 beerbt oder wird später ein Kind geboren, so untersteht die Ehe von da an der Gütergemeinschaft des B.G.B. Die Erhaltung der Statutarerbrechtssätze ergiebt sich aus nachstehenden Tabellen.

A. Statutarerbrecht tritt ein:

	In Ehen mit gesetzlichem Güterrecht.	In Ehen mit Gg.	Entziehbarkeit.
1. Lübisches Recht Statut v. 1586.[1])	Sonderung zwischen Mannes- und Frauengut. Mann oder Erben haften für schuldhafte Verschlechterung, Veräußerung ohne Anspruch auf Verbesserung. Von dem so ausgesonderten Gut des Erstverstorbenen erhält der Ueberlebende die Hälfte.	Nur in Neuvorpommern und Rügen. (Art. 51 § 4.) a) Keine Kinder am Leben, dann hat der Ueberlebende das gleiche Erbrecht wie in güterrechtlicher Ehe. b) Mit Kindern fortgesetzte Gg. Im Schichtungsfalle wird wie in güterrechtlicher Ehe der Nachlaß des Verstorbenen ausgesondert und nach Köpfen getheilt. Jedes großjährige oder sich verheirathende Kind kann seinen Antheil fordern.[2]) In Altpommern in beiden Fällen B.G.B.	Die statutarischen Quoten sind unentziehbar,[3]) die fortgesetzte Gg. kann der Ehemann ausschließen.[4])

1) Specialliteratur: Pauli, Abhandlungen, v. Wilmowski, Lübisches Recht in Pommern, Heck, Lübisches Recht und Bauernordnung, Zelter, Das Lübische Recht und die Bauernordnung.

2) Gilt auch nur für Neuvorpommern und Rügen; Fricke S. 56 läßt es allgemein gelten. Partialschichtung wurde vom O.L.G. als Gewohnheitsrecht angesehen, und ist deshalb als Statutarrechtssatz fixirt. Vergl. aber Neuvorpommer. Statutarr. S. 149 fg.

3) Wilm. S. 102, Otr. 34 S. 226, 51 S. 330.

4) Pauli II S. 216; Wilm. S. 291, § 4 Art. 51.

	In unbeerbter Ehe.	In beerbter Ehe.	Entziehbarkeit.
2. Bauerordnung von 1616.[1])	Wie oben zu 1.	Wie oben zu 1.	Wie zu 1.
3. Stadtrechte von Anklam und Treptow a. Toll.	Wie zu 1.	Ueberlebender hat Wahlrecht zwischen: a) Sonderung und Kindestheil am Nachlaß oder b) lebenslänglichem Beisitz. Miterben können Frist stellen, deren Versäumung ihnen das Wahlrecht giebt. Wahlrecht tritt erst dann ein, wenn Ueberlebender nicht innerhalb der Ausschlußfrist das Recht des B.G.B. gewählt hat.[2])	Erbrechte sind unentziehbar.[3])
4. Wolgast, Bergen, Gartz a. R.	Wie zu 1.	Wie zu 1 b.	Wie zu 1.
5. Stolper Statut.	In beiden Fällen gilt das Recht der Gg. des B.G.B. mit der Maßgabe, daß die Frau 1/3 ihrer Illaten als Kompetenz zurückfordern kann.		Die fortgesetzte Gg. ist seitens des Ehemannes ausschließbar.
6. Stettiner Statutarrecht.[4])	Theilung des Gesammtguts ohne Erbanspruch. Der Wittwer, dessen Ehefrau unverheirathet in die Ehe getreten, giebt nur die Hälfte der Illaten und des von der Frau ererbten Gutes heraus.	Fortgesetzte Gg. nach B.G.B.	Die Rechte der Ueberlebenden sind nicht entziehbar.
7. Bauerordnung von 1764.	Fortsetzung der Gg. mit den Miterben des Verstorbenen nach den Grundsätzen des B.G.B.		Unentziehbar.
8. Die anderen Magdeburger Rechte Gartz a. O., Pyritz, Altdamm richten sich durchweg nach B.G.B.			

Zu 1, 2, 4, 6 kann Ueberlebende stets das Recht des B.G.B. wählen.

---

1) Ockel, Die Bauerordnung von 1616; Jacobi, Particulargesetze.
2) Art. 51, § 4.
3) Strieth, Arch. 45 S. 330.
4) Sibrandt, Das Recht der Stadt Alten Stettin; Koßmann, Stettiner Statutarrecht.

B. Für die am 1. Januar 1900 aufgelösten beerbten Ehen sind

		Rechte des Ueberlebenden.	
1. Lübisches Recht, Bauerordnung von 1616, Stolper Statut.	Fortgesetzte Gütergemeinschaft auf Gedeih und Verderb, umfaßt das Sondergut der Ehegatten.	parens superstes hat freie Disposition ausgenommen: a) Verfügung über Immobilien bedürfen des Consenses der Kinder.[1]) b) Wittwe darf nur im Fall der Noth etwas verkaufen, verpfänden, verschenken.[2]) Keine Inventar- oder Cautionspflicht.[3])	Mann kann über die Schichtquote testiren; das O.L.G. Stettin nimmt dasselbe auch für die Wittwe an.[4]) Praxis nicht ganz fest. Der Testator muß die Pflichttheilsrechte der Kinder wahren.
2. Anl am, Treptow, Wolgast, Bergen, Gartz a/R.	Beisitz in Anclam und Treptow nur, wenn p. nicht Theilung wie zu A 3 gewählt hat.	Wie zu 1; die Beschränkung zu b gilt in Anclam nicht.	Jeder Ehegatte wird testiren können.
3. Magdeburger Rechte: Stettin, Gartz, Pölitz, Damm, Pyritz.	Fortgesetzte Gütergemeinschaft, die sich dem Beisitz nähert, Erbschaften des Ueberlebenden fallen nicht hinein.	Freie Disposition des parens superstes, ausgenommen über die Immobilien.	parens superstes kann über die Schichtquote testiren, aber unter Wahrung des Pflichttheils der Kinder.
4. Bauerordnung von 1764. Auch für kinderlose Ehe.	Fortgesetzte Gütergemeinschaft auch mit anderen Miterben des Verstorbenen.	Wie zu 3. Inventarpflicht.	parens superstes kann frei über die Hälfte testiren unter Wahrung des etwaigen Pflichttheilsrechts solcher Verwandten, die nicht Gütergenossen sind.

1) Art. 8 II 2 Rev. St., Wilm. S. 186.
2) Pauli II S. 147.
3) O.L.G. Stettin, Wahrmann: Meyer, U. 91/98.
4) Erk. Scharff c/a. Prahm, U. 98/96. Dagegen Wilm. S. 227.

die nachstehenden statutarischen Bestimmungen zu beachten:

Rechte des Kindes.	Tod des Kindes.	Schichtung.	Einzelschichtung.
a) Kind kann nicht über seinen Antheil verfügen. Vor dem 1. Januar 1900 aber Pfändbarkeit zugelassen.[5] b) Der Antheil fällt nicht in die Gütergemeinschaft des Kindes mit seinem Ehegatten.	Rechtsnachfolge nach altem Recht. a) Descendenten des Kindes treten aus eigenem Recht ein. b) Sonst fällt der Antheil an die Were zurück.[6] Ehegatte d. Kindes erhält nichts.	Gründe: Wiederverheirathung und Verschwendung. Quoten: a) Altpommern $1/2$ und $1/2$. b) Neuvorpommern und Demmin: Partialschichtung wie oben zu A 1 bei der Erbtheilung der gütergemeinschaftlichen Ehe.	parens superstes kann stets absondern. Kind kann bei Großjährigkeit oder Heirath Partialschichtung wie nebenstehend zu b verlangen. Ausnahme: Stolp, Greifenhagen, Stargard.
Wie zu 1a.	Wie zu 1.[7]	Nur Partialschichtung im Fall der Wiederverheirathung wie zu A 1.	Das großjährige Kind kann in Anclam nur Ausstattung, nicht Absonderung verlangen,[8] in den anderen Städten wie zu 1.
Kind kann über seinen ideellen Antheil verfügen und testiren. Der Antheil des Kindes ist pfändbar und fällt in die Gütergemeinschaft des Kindes mit seinem Ehegatten.[9]	Antheil vererbt nach B.G.B., weil früher nach subsidiärem Recht.[10]	Gründe: Wie zu 1. Quoten: Stettin und Pölitz majorenne Kinder $1/2$, minorenne $1/3$ der Masse, Pyritz, Damm $1/2$ und $1/2$, Gartz Kinder $1/3$ der Masse.	Ungebräuchlich.
Wie zu 1a, dagegen fällt der Antheil in die Gütergemeinschaft des Kindes nach B.O.	Wie zu 3.	Wiederverheirathung allein Schichtungsgrund. Quoten $1/2$ $1/2$.	Kommt selten vor, kein Recht des parens auf Einzelschichtung.

5) Zelter S. 31 und die dort citirten Entsch. 6) Pauli II S. 30. Zelter S. 32 und die Entsch. des O.L.G. Stettin, welche dort citirt. 7) Die Bestimmungen des Lübischen Rechts müssen als subsidiäre eintreten, wenn auch diese Statuten sich von dem Institut der Were sehr entfernt haben. 8) Anclamer Statut II § 27. 9) Das Stettiner Recht ging erst allmählich von dem sächsischen Princip der Quotentheilung zur Gemeinschaft von Todeswegen über, welche zwar als fortgesetzte Gütergemeinschaft bezeichnet, aber kein reines Gesammthandverhältniß darstellt. Das Statut ist verquickt mit römisch-rechtlichen Sätzen, die Antheile werden als ideelle anzusehen sein (vergl. Schroeder II Bd. 3 S. 67, 80, 317 fg. Vergl. auch Str. 12, 426. 10) Sibrandt IV § 4.

Zu Tabelle A. Sondergut vererbt sich in den ersten vier Rechtsgebieten, soweit statutarische Erbfolge eintritt, nach dem Statut, sonst überall nach B.G.B. Die §§ 1933, 2235 fg. finden auf die statutarischen Quoten Anwendung.

Zu erheblichen Zweifeln führt die Anwendung der Grundsätze des B.G.B. auf Nichtabkömmlinge bei der B.O. von 1764 insofern, als logisch die Unvererblichkeit des Antheils und die Sätze des § 1490 B.G.B. eintreten müßten. Bei der Gemeinschaft mit Abkömmlingen mag freilich nach Aussterben der Descendenz die Masse billiger Weise an den parens zurückfallen, und der Eintritt von Abkömmlingen solcher Gütergenossen wird auch in diesem Fall gewährleistet; dagegen ergiebt sich das Resultat, daß in unbeerbter Ehe der Ueberlebende die ganze Masse erhält, wenn die nächsten Verwandten des Verstorbenen, also z. B. die Brüder ohne Descendenz aber mit Hinterlassung anderer Intestaterben z. B. eines Ehegatten, oder Ascendenten versterben. Früher vererbte sich der Antheil der Gütergenossen nach A.L.R. weiter, resp. fiel an die Gütergenossen. Die Folge ist also um so unerwünschter, der Ueberlebende erhält praktisch nicht nur mehr, als wenn er unter Reichsrecht die Ehe geschlossen hätte, sondern größeren Vortheil als nach dem Statut.

Wenn daher die Praxis diese wohl kaum intendirte Steigerung der erbrechtlichen Wirkungen beseitigen müßte, so wird der schwierige Weg zu diesem Ziel nicht in einer ausgedehnten Interpretation des § 1490, sondern nur in einer Beseitigung desselben zu finden sein.

Man wird sich zu der Auffassung entschließen müssen, daß das A.G. nicht nur über seinen Zweck, sondern auch über die durch die Reichsgesetzgebung gesteckten Grenzen hinausgegangen ist, weil es die Erbrechte Dritter nicht zur Gütergemeinschaft gehörenden Personen nicht tangiren durfte (Art. 213 E.G.).

Die Freiheit, vor dem 1. Jan. 1900 ein Gütererbrecht zu schaffen,[1]) wird deshalb nicht entgegenstehen, weil dies Recht vor dem 1. Jan. 1900 nie bestanden hat.

Zu Tabelle B. Todtheilung tritt ein in den Rechtsgebieten zu 1 bei Schichtung in Hälften und unter der Pommerschen Bauerordnung von 1764. Das todgetheilte Kind tritt als Intestaterbe ohne Pflichttheilsrecht ein, wenn der Ueberlebende keine Kinder in zweiter Ehe erhält.

Falls der Ueberlebende in der Gemeinschaft stirbt, vollzieht sich die Nachfolge in seinen Antheil resp. in die Masse in dem Gebiet zu 1 nicht nach B.G.B.; hier ist das Accrescenzrecht der Were noch streng erhalten, ein völlig abgesondertes Kind nimmt auch nach dem 1. Jan. 1900 nicht Theil,[2]) in den anderen Gebieten wird der parens nach B.G.B. beerbt.[3])

C. Nicht übergeleitet werden die im Gebiet der landrechtlichen Gütergemeinschaft (am Eingang zu 4) vor dem 1. Oct. 1865 geschlossenen Ehen.

1) Vergl. Allgemeiner Abschnitt VII 2.
2) Art. 3 II 1, 5 II 2 Rev. Stat.
3) Wegen des seltenen Falls, daß im Lübischen Gebiet nicht abgeschichtete Vorkinder concurriren, verweise ich auf Wilmowski S. 217, Zelter S. 35.

Für diese bleibt ein Wahlrecht des Ueberlebenden bestehen; und zwar gelten bezüglich adliger Ehen die zu Westpreußen unter II 1 angegebenen Sätze, in den anderen Ehen wählt der letztlebende Ehegatte zwischen den Gütergemeinschaftsrechten des Landrechts von 1721 und des B.G.B.

Provinz Brandenburg.

A. Es gilt fast durchweg Märkisches resp. Neumärkisches Provinzialrecht, die in das gesetzliche Güterrecht übergeführt werden. Ihr Statutarerbrecht wird für den Fall erhalten, daß der Ueberlebende nicht innerhalb der Ausschlagungsfrist das Recht des B.G.B. wählt. Läßt er diese Frist verstreichen, so treten die nachstehenden Sätze ein.[1])

1. Der Ueberlebende hat die Befugniß zu wählen zwischen der Rücknahme seines eigenen Vermögens ohne Erbanspruch und Halbtheilung des gemeinschaftlichen Vermögens mit den Miterben unter Einwerfung seines Guts. In den Bezirken von Cottbus, Crossen, Züllichau beträgt die Quote des Wittwers $^2/_3$, die der Wittwe $^1/_3$ der Masse.
2. Zur Ausübung des Wahlrechts können die Miterben nach Art. 46 § 4 eine Frist festsetzen lassen, deren Versäumung ihnen die Wahl giebt.
3. Die Einwerfung des eigenen Vermögens können die Miterben ablehnen und geben dann die Hälfte des reinen Nachlasses an den Ueberlebenden heraus.
4. Bei Halbtheilung hat der Ueberlebende den Kindern gegenüber zu conferiren, was sie nach Märkischem Recht unter sich zu conferiren haben — auch den Stiefkindern gegenüber.[2])
5. Das Statutarerbrecht ist auch wirksam gegenüber dem einseitigen Testament des Verstorbenen und dem wechselseitigen Testament.

B. Verwaltungsgemeinschaft des A.L.R. galt in der Niederlausitz,[3]) Gütergemeinschaft nach A.L.R. in der Stadt Schermeisel und dem Dorfe Grochow, nach der Pommerschen Bauerordnung von 1764 in Ehrenberg, Gerzlow, Hohengrape, Hasselbusch, Mandelkow, Rehfeld, Bärfelde. Die Rechtsfolgen sind oben erörtert.

C. Nicht übergeleitet sind die vor dem 1. Jan. 1875 im Luckenwalder Kreise geschlossenen Ehen, welche der Magdeburger Polizeiordnung

---

1) Bei der umfangreichen Literatur des Märkischen Rechts, die auch in den meisten Commentaren zum A.G. verwerthet ist, konnte ich mich auf kurze Sätze beschränken. Vergl. Stranz u. Gerhard, A.G., Korn, Güterrecht, v. Scholtz-Günsburg, M. R.

2) Günsburg S. 251, 262.

3) Bezirke des Lg. Cottbus (ausgenommen Ag. Cottbus) und Guben (ausgenommen Ag. Crossen, Schwiebus, Züllichau, Stadt Sommerfeld, Amtsbezirke Göhren, Belkow, Rampitz, Ziebingen) ferner Ag. Hoyerswerda.

unterstanden, der Ueberlebende hat die Wahl zwischen den Befugnissen des alten Rechts und dem Erbrecht des B.G.B.[1])

D. Das Anerbenrecht der Landgüterordnung vom 10. Juli 1883 bleibt in Kraft.

Provinz Sachsen.

Es galt Verwaltungsgemeinschaft des A.L.R.[2])

Nicht übergeleitet sind:

1. Die in den beiden Jerichowschen Kreisen vor dem 1. Jan. 1875 geschlossenen Ehen. Dort galt in der Stadt Burg die Burger Willkühr von 1698, im Hauptheil die Magdeburger Polizeiordnung, in einzelnen Ortschaften das Märkische Recht. Für diese Ehen gilt jetzt Wahlrecht des Ueberlebenden zwischen dem Recht des alten Statuts und dem des B.G.B.[3])

2. Die vor dem 1. Juli 1865 geschlossenen Ehen in dem Gebiet der Henneberger Landesordnung.[4]) Auch hier hat der Ueberlebende noch jetzt die Wahl zwischen dem Henneberger Recht und dem des B.G.B. Ersteres gewährt[5])

in beerbter Ehe dem Wittwer 2/3, der Wittwe 1/3 der gemeinsamen ehelichen Errungenschaft, sowie lebenslänglichen Nießbrauch an den Illaten des Verstorbenen und dem Rest der Errungenschaft, welche den Kindern zufallen,

in unbeerbter Ehe Theilung der Errungenschaft zwischen Ueberlebenden und Erben des Verstorbenen ohne Nießbrauch.

In beiden Fällen hat der Ueberlebende keine Erbquote an den Illaten des Verstorbenen.

Provinz Posen.

Die hier geltende Gütergemeinschaft des A.L.R. tritt in die des B.G.B. über, jedoch ohne Fortsetzung über den Tod hinaus.

---

1) Ges. v. 12. Mai 1874. E.G. § 4. Nach dem alten Recht erbte der Wittwer die sämmtlichen Mobilien der Ehefrau, die Wittwe Kindertheil. Mot. des Ges. in den Herrenhausverhandlungen 73/74 Bd. 2 S. 134.

2) Ausnahme Gutsbezirk Gränert.

3) Das Erbrecht der Burger Willkühr stimmt mit dem des Märkischen Rechts überein. Mot. des Ges. vom 12. Mai 1874, a. a. O. S. 135.

4) Im Wesentlichen Ag. Schleusingen und Suhl.

5) Vergl. Denkschrift Drucksachen des Abgeordnetenhauses 1865 Bd. IV Anl. 17 S. 104.

Provinz Schlesien.

Hier tritt überall das gesetzliche Güterrecht an die Stelle der Verwaltungsgemeinschaft des A.L.R., in der Stadt Rothenburg, den Dörfern Drehnow und Polnisch-Nettkow an Stelle des Neumärkischen Rechts, dessen Statutarerbfolge wie in Brandenburg erhalten bleibt. Landgüterordnung vom 24. April 1884 bleibt bestehen.[1])

Rheinprovinz mit Ausnahme der Kreise Rees, Duisburg, Essen, Mülheim und des Bezirks des früheren Justizsenats Ehrenbreitstein.

In diesem Theil der Rheinprovinz, dem Bezirk des Oberlandesgerichts Cöln, galt der Code civil ohne erbrechtliche Wirkungen des Güterstandes; seine Systeme werden durch Art. 56 in solche des B.G.B. übergeleitet. Die anderen Theile der Rheinprovinz werden zusammen mit den Provinzen Westfalen und Hessen-Nassau dargestellt, weil ihr Güterrecht mit dem jener Provinzen übereinstimmt oder doch eng verwandt ist.

Die V.O. vom 21. Febr. 1837, welche dem ritterbürtigen Adel autonome Testirbefugnisse verleiht, ist erhalten geblieben.

Provinz Westfalen, mit den Kreisen Rees, Duisburg, Mülheim, Stadt- und Landkreis Essen.

A. Gütergemeinschaftsgebiet.

I. In Westfalen und den Kreisen Rees, Duisburg, Essen, Mühlheim mit Ausnahme der zu B bezeichneten Territorien galt Gütergemeinschaft nach dem Gesetz vom 16. April 1860 für die nach dem 1. Jan. 1861 geschlossenen Ehen; diese ist durch Art. 48 für die bestehenden Ehen mit ganz geringen Modifikationen erhalten, die Bestimmungen des B.G.B. treten als subsidiäre dort ein, soweit das Landrecht bisher diese Stelle einnahm. Die erbrechtlichen Wirkungen ergeben sich wie folgt:

Unbeerbte Ehe: Ueberlebende nimmt seine Hälfte zurück, theilt die andere nach B.G.B. mit den Erben, und behält lebenslänglichen Nießbrauch an dem Theil der Miterben. § 7.

Beerbte Ehe:

Fortgesetzte Gütergemeinschaft auf Gedeih und Verderb mit freier Disposition des	parens superstes kann letztwillig a) über seine Schichtquoten bestimmen,	Schichtungsgründe ergiebt § 14 Ges. in der neuen Fassung des A.G.	Schichtungsquoten: $1/2$ $1/2$. § 17 giebt Wahlrecht zur Uebernahme

1) Das Recht der vor dem 1. Jan. 1846 geschlossenen Ehen (vergl. Neubauer S. 21) interessirt nicht mehr.

parens superstes. (Ausnahme: Schenkung von Immobilien und Quoten.) parens superstes kann Ueberlassungsverträge mit einem Kinde schließen unter Wahrung der Schichtquoten der anderen.	b) das ganze Vermögen unter die Kinder theilen. In beiden Fällen Schichtquote des Kindes und sein Pflichttheilsrecht nach dem Ueberlebenden (nach B.G.B.) zu wahren.	Schichtung wirkt keine Todtheilung.	eines Grundstücks für die Taxe, und zwar falls § 14 Nr. 1 u. 9, für den parens superstes, falls § 14 Nr. 2 bis 8, für die Kinder.

Entziehbar: a) bei unbeerbter Ehe die Hälfte der Erbportion;

b) bei beerbter Ehe die fortgesetzte Gütergemeinschaft durch Anordnung der Schichtung. §§ 1933, 2235 fg. finden Anwendung auf die Erbportion und Nießbrauch in unbeerbter Ehe.

Für die am 1. Januar 1900 aufgelösten Ehen gelten die vorstehenden Sätze mit folgenden Unterschieden:

1. Der Nießbrauch des kinderlosen Ueberlebenden richtet sich nach A.L.R.
2. Schichtungsgründe sind nur die in § 14 Nr. 1—4, 9. der neuen Fassung erwähnten Fälle.
3. Schichtungszeit ist bei der Antheilsberechnung zu Grunde zu legen.

II. Die Rechtsnachfolge in den Antheil des Kindes in der Gemeinschaft regelt das Gesetz.

1. Stirbt der Abkömmling ohne Hinterlassung von Ehegatten oder Descendenz, so wächst sein Antheil den Geschwistern zu. Dies ist keine Vererbung, der Antheil fällt nach deutsch-rechtlichem Rechtsgrundsatz an die Were zurück.

2. Ist der Abkömmling verheirathet, so geht sein Antheilsrecht über

a) auf seine Descendenz und seinen Ehegatten,

b) bei kinderloser Ehe auf seinen Ehegatten im Verhältniß zu dessen Erbquote am Nachlaß des Abkömmlings, der Ueberrest fällt in die Gemeinschaft zurück.

Der Antheil des Ehegatten und damit auch der der Descendenz ist verschieden, je nachdem die Ehe des Abkömmlings selbst dem Gesetz von 1860 unterstand oder nicht. Im ersteren Fall tritt zu a die durch das A.G. modificirte communio prorogata des Gesetzes von 1860 ein; zu b erbt der Ehegatte von dem Antheil die Erbquote des B.G.B. (§ 1931) gemäß §§ 1, 7 Ges., Art. 48 A.G. § 2.

War die Ehe des Abkömmlings selbst nach dem 1. Jan. 1900 geschlossen, so unterliegt der Antheil ebenfalls dem Erbrecht des B.G.B.

Ferner beschränkt das Gesetz den Abkömmling in seiner Verfügung über seinen Antheil dahin, daß er nur zu Gunsten seines Ehegatten, seiner Descendenz oder der Gemeinschaftsgenossen darüber disponiren oder testiren darf, giebt aber auch andererseits dem Descendenten und dem Ehegatten, nicht aber dem parens ein Pflichttheilsrecht gegenüber solcher Verfügung.[1])

---

1) Vergl. im Einzelnen Schultz S. 366 fg.

Die vorstehend eigenartig geregelte Rechtsnachfolge in den Antheil des Abkömmlings erscheint auch zulässig, obwohl sie über die Ordnung der erbrechtlichen Wirkungen des Güterstandes hinausreicht und daher zweifelhaft sein kann, ob das Landesgesetz durch die Vorbehalte der Art. 200, 218 fg. geschützt wird.

a) Soweit der Ehegatte des Kindes concurrirt, sind es entweder Vortheile des Gütererbrechts oder die Sätze stimmen mit dem B.G.B. überein.

b) Der Rückfall des Antheils an die Gemeinschaft beruht auf dem Princip der Unvererblichkeit, dieses Recht muß nach den oben [1]) entwickelten Sätzen auch in der am 1. Jan. 1900 bestehenden communio prorogata fortdauern.

Bedenklich erscheint dagegen das Fortbestehen des § 16 Abs. 3 des Gesetzes für die später gelösten Ehen, denn der Satz enthält keine Vortheile für den parens superstes, seine Schichtquote bleibt unberührt, er wird ja gerade von den Erben des Abkömmlings ausgeschlossen, es wird aber nach Art. 48 § 2 subsidiär der § 1490 B.G.B. eintreten, der zu gleichem Resultat führt.

c) Die Verfügungsbeschränkung der Abkömmlinge ist erbrechtliche Wirkung des Güterstandes, weil sie den Eintritt Fremder in die fortgesetzte Gütergemeinschaft verhindert und deshalb den Interessen des Ueberlebenden dient.

III. Nach § 19 des Gesetzes von 1860 behält der schichtende parens den Nießbrauch an dem Schichttheil der Kinder bis zu ihrer Großjährigkeit, Verheirathung oder Wirthschaftseinrichtung gegen Uebernahme der Verpflichtung, die Kinder ohne Anrechnung auf die Substanz ihres Vermögens zu ernähren und zu erziehen.

Welter-Schulz (S. 383) und Habicht in Gruchot 42 S. 453 halten dies Recht für eine Nachwirkung der Gütergemeinschaft und Gütererbrecht: Dies ist unrichtig, es liegt vielmehr eine Norm des Elternrechts vor. Unerheblich ist, daß Ausdehnung auf die Mutter und Endtermin nicht mit den Normen der landrechtlichen väterlichen Gewalt übereinstimmen,[2]) entscheidend ist sowohl die Entstehungsgeschichte wie die Erwägung, daß mit der Schichtung die Nachwirkungen der Gütergemeinschaft beendigt sind und nicht mehr das Vermögen des Verstorbenen Object des Rechts sein kann. Die durch das Gesetz von 1860 beseitigten Statutarrechte der Provinz Westfalen kannten fast durchweg den elternrechtlichen Nießbrauch im gleichen Umfang,[3]) und offenbar entspricht § 19 des Gesetzes, das die einzelnen Rechtsgewohnheiten vermittelnd aufrecht erhalten wollte, gerade jenen Bestimmungen, die nach gleichmäßiger Judicatur des Obertribunals durch die Verordnung von 1816 nicht wiederhergestellt waren, weil sie eben keinen Satz des Gütergemeinschaftsrechts enthielten.[4]) Gerade die Ver-

---

1) Oben erster Abschnitt III.

2) Dies zieht Welter a. a. O. zur Begründung heran.

3) Münster, Lingen, Paderborn, Minden, Ravensburg, Mark, Rietberg, Recklinghausen, Werden, Geseke u. a.

4) Otr. 32 S. 114—121, Str. Arch. 97 S. 143, Otr. Bericht J.M. 1844. Schultz, der diese Judicatur doch billigt, setzt sich mit seiner Auffassung S. 383 daher in Widerspruch.

quickung mit specieller Alimentationspflicht, und die Einführung bestimmter Entziehungsgründe (§ 19 Abs. 2) stellen den Charakter der Norm noch klarer. Nach § 203 E.G. konnte das Ag. diese Bestimmung also nicht aufrecht erhalten, und die Befugnisse des Ueberlebenden werden unbedenklich dort, wo die Schichtung nach dem 1. Jan. 1900 geschehen, lediglich nach B.G.B. zu beurtheilen sein,[1]) dagegen würde die Ausdehnung des § 203 auf die vor dem 1. Jan. 1900 vorgenommenen Schichtungen bedenklich erscheinen, weil nach der Fassung des § 19 das Recht, in das Belieben des Ueberlebenden gestellt, von der Uebernahme einer Gegenleistung abhängig ist,[2]) also auf beiden Seiten wohlerworbene Rechte vor dem 1. Jan. 1900 erwachsen sind.

B. Dotalrecht gilt:

a) In den Bezirken folgender Amtsgerichte: Arnsberg, Brilon, Balve, Bigge, Meschede, Medebach, Warstein, Lippstadt, Erwitte, Menden mit Ausnahme folgender Orte: Arnsberg, Brilon, Lippstadt, Medebach, Donau, Belecke, Hirschberg.

b) In den Bezirken der früheren Aemter Cörbecke, Werl ohne Stadt und Oestinghausen, von denen das letztere zu Ag. Soest, die beiden ersteren zu Ag. Werl gehören, einem kleinem Theil des Amtsgerichtsbezirks Meinertshagen und in den Ortschaften Haardt und Oberneger.

C) Nicht übergeleitet werden in dem Gebiet zu A die vor dem 1. Jan. 1861 geschlossenen Ehen, für die die älteren Westfälischen Normen gelten, fast durchweg mit Gütergemeinschaft. Es ist zu verweisen

a) auf die Denkschrift vom 26. Okt. 1844 und den Auszug daraus in den Drucksachen des Herrenhauses 1859/60 Bd. III S. 13—21,
b) auf die amtliche Uebersicht a. a. O. S. 24 fg.,
c) auf Schultz S. 87—222,
d) auf Neubauer 1. Aufl. S. 57 fg.

Meist trat fortgesetzte Gütergemeinschaft ein, die Rechte des Ueberlebenden bleiben über den 1. Jan. 1900 hinaus bestehen, für den Uebergang des Antheils des Kindes entscheiden die zu III des ersten Abschnitts entwickelten Grundsätze.

D) Die Sonderrechte des Westfälischen Adels (vergl. Neubauer S. 27) sind geblieben.

E) Das Landgütergesetz vom 2. Sept. 1898 (Ges.-S. 139) mit seinem Anerbenrecht auch für den überlebenden Ehegatten in dem Gütergemeinschaftsgebiet (vgl. §§ 20, 47) bleibt bestehen.

Provinz Schleswig-Holstein.[3])

I. Sämmtliche Ehen werden in Güterstände des B.G.B übergeleitet; für die früher gütergemeinschaftlichen Ehen wird das Erbrecht in unbeerbter

1) Also die Mutter verliert bei Wiederverheirathung den Nießbrauch.
2) Vergl. Mot. zu § 18 des Münster'schen Entwurfs.
3) Vergl. insbesondere den Bericht des Appellationsgerichts Kiel, abgedruckt im Schleswig-Holsteinischen Anzeiger 1876.

Ehe, für die anderen das Statutarrecht durchweg aufrecht erhalten, stets mit der Befugniß des Ueberlebenden das Recht des B.G.B. zu wählen.

Für die gütergemeinschaftlichen Ehen ist der Unterschied nur ein geringer, denn die bei beerbter Ehe eintretende fortgesetzte Gütergemeinschaft des B.G.B. wird derart durch Art. 52 modificirt, daß sie die Hauptsätze des alten Rechts aufnimmt. Erhalten bleiben hier

a) das Recht des Ehegatten, die Schichtung anzuordnen,
b) das Recht des Abkömmlings auf Sonderabfindung,
c) das Recht des überlebenden Vaters oder Großvaters, den Schichttheil des Abkömmlings durch Aussage, d. h. eidlich zu erhärtende Erklärung vor Gericht festzustellen. [1])
d) das Recht des überlebenden Ehemannes über Immobilien frei zu verfügen.

Hierdurch wird die fortgesetzte Gütergemeinschaft der nach Art. 52 übergeleiteten Ehe im Wesentlichen übereinstimmend mit der communio prorogata, welche im Gütergemeinschaftsgebiet für die vor dem 1. Jan. 1900 aufgelösten Ehen bestand und fortdauert. Dagegen treten für die Abkömmlinge die Rechte aus § 1495, für den superstes die Befugnisse aus §§ 1571, 1573 B.G.B. hinzu; ferner werden die Antheile der Abkömmlinge aus übergeleiteten Ehen jetzt unvererblich (§ 1490 B.G.B.), während die früher vererblichen am 1. Jan. 1900 schon vorhandenen Antheile jetzt dem Erbrecht des B.G.B. unterstehen.

II. Nach den anderen Rechten der Provinz, sei es nun, daß sie der partikulären Gütergemeinschaft oder der Verwaltungsgemeinschaft unterstanden, verblieb der Ueberlebende ebenfalls mit Descendenten in einer Gemeinschaft, falls er es wollte; wenn dies Rechtsverhältniß auch allgemein als communio prorogata bezeichnet wurde, so war es doch kein Gesammthandverhältniß, vielmehr bildeten theils ideelle Antheile an dem Nachlaß oder an der Masse, theils bestimmte Gegenstände den Erbantheil der Abkömmlinge. Dagegen wuchsen die Revenuen der Masse zu, die Befugnisse des parens superstes, der Anspruch des Abkömmlings auf Schichtung oder Herausgabe des Antheils war wesentlich gleichartig wie bei der communio prorogata der Gütergemeinschaftssysteme.

III. Die Erbquoten der Abkömmlinge waren in Schleswig mit Ausnahme der Städte Friedrichstadt, Burg, Tondern nach dem Geschlecht verschieden, der Sohn erhielt stets das Doppelte des Antheils der Tochter und nach diesem Theilungsmodus berechnet sich oft der Antheil des überlebenden Ehegatten (Bester Kindestheil, Schwestertheil).

Bei den übergeleiteten gütergemeinschaftlichen Ehen wurde nun durch Antrag 91 ausdrücklich der im Entwurf nicht gegebene Anspruch des Abkömmlings auf Abschichtung eingeschoben, während er auch bei den anderen Systemen nach Ansicht der Commission seinem Inhalt nach durch die Heranziehung des Art. 46 gewahrt bleiben sollte (Mat. S. 388).

Hiermit hat anscheinend auch die Verschiedenheit der Antheile nach dem Geschlecht erhalten bleiben sollen; dies würde aber unzulässig sein.

---

1) Cfr. Esmarch, Erbrecht S. 334 fg.

Die Verpflichtung zur Herausgabe des Antheils wird freilich von dem Gütererbrecht geregelt, der Erwerb des Antheils seitens des Abkömmlings geschieht aber dort, wo kein Gesammthandverhältniß vorliegt, im Wege des Erbrechts. Die Wirkung des Geschlechtsunterschiedes ist ein rein erbrechtlicher Grundsatz des Jütischen Low, aus welchem derselbe, meist als subsidiäres Recht, in die anderen Statuten und auch in die Systeme der reinen Gütergemeinschaft übergegangen ist.

Die Beerbung nach dem 1. Jan. 1900 untersteht aber dem B.G.B., der Vorbehalt des Art. 200 des E.G. kann soweit nicht wirken, die Quote des einzelnen Abkömmlings aus übergeleiteter Ehe folgt also dem Reichsrecht, während der Gesammtantheil aller Abkömmlinge sich nach altem Recht richtet, weil der parens die altrechtliche Quote vorwegnimmt. Ist dagegen die Ehe schon vor dem 1. Januar 1900 aufgelöst, so war dem Abkömmling die nach Geschlechtsunterschied sich berechnende Statutarquote schon erwachsen.

IV. Es ergeben sich daher folgende Resultate:

A. Allgemeine Befugnisse in der fortgesetzten Gütergemeinschaft nach altem Recht für die ganze Provinz und die am 1. Jan. 1900 aufgelösten Ehen:

Rechte des parens superstes.		Rechte des Abkömmlings.	
Wittwer verfügt frei über die Masse; Wittwe bedarf bei Immobilien der Zustimmung der Kinder.	parens superstes kann nur über seine Schichtquote testiren, unter Pflichttheilsanspruch der Kinder (cfr. Esmarch. 114, 175. Stemann § 53).	Kann über den Antheil testiren, der Antheil vererbt nach B.G.B. Zweifelhaft, ob der Antheil frei veräußerlich u. pfändbar ist, außerhalb der reinen Gütergemeinschaft zu bejahen.	Anspruch auf Herausgabe des Antheils bei Großjährigkeit des Sohnes und Heirath der Tochter. Ferner muß der Ueberlebende bei Wiederverheirathung theilen.

B. Gütergemeinschaftssysteme.

Uebergeleitete Ehen: Es tritt die Gütergemeinschaft des B.G.B. ein:

Statutarerbrecht.

Recht und Geltungsgebiet.	Literatur.	Erbrecht des Ehegatten in unbeerbter Ehe.	Entziehbarkeit des Erbrechts.
1. Stadtrechte von Husum, Schleswig, Flensburg, Friedrichsstadt, Eckernförde in den bezeichneten Städten.	Esmarch S. 161—168, 204 und 213.	1/2 des Gesammtguts, wenn er nicht das günstigere Recht des B.G.B. wählt.	§§ 1933, 2235 fg. Quote ist unentziehbar. §§ 1933, 2235 fg. finden keine Anwendung.
2. Eiderstädter Landrecht. Agg. Tönning und Garding.	Esmarch S. 197—203.	Ebenso.	Wie zu 1.

3. Neumünster. Ehen, die über Jahr und Tag bestanden. Amt Neumünster.	Seestern-Pauly Paulsen § 155.	Ebenso.	Wie zu 1.
4. Land- u. Marschrecht. Im wesentlichen Agg. Crempe und Wilster ohne die gleichnamigen Städte. Vgl. auch Neubauer S. 31.	Fischer-Benzon Land- u. Marschrecht.	Ebenso.	Wie zu 1.
5. Dänisches Recht die durch den Frieden von 1864 abgetretenen Landestheile.[1])		$^2/_3$, $^1/_2$ als Gesammtgutsantheil, $^1/_6$ als Erbquote am Antheil des Verstorbenen; wenn keine Verwandten, das Ganze.	$^1/_6$ ist entziehbar, darauf finden §§ 1933, 2235 Anwendung.
6. Nordstrander Ehen, in denen ein Kind geboren, Agg. Nordstrand, Tinnum, Insel Pellworm	Esmarch S. 185.	$^1/_2$ des Gesammtguts, in das die nach dem Tode aller Kinder erworbenen Immobilien nicht fallen.[2])	Wie zu 1.

In beerbter Ehe tritt überall fortgesetzte Gütergemeinschaft nach B.G.B. mit den zu I hervorgehobenen Beschränkungen ein, ferner beträgt die Schichtquote des Ueberlebenden unter dem dänischen Recht $^1/_2$ + Kindestheil an der anderen Hälfte, höchstens aber $^5/_8$ der Masse, die Schichtquote des überlebenden Ehemannes nach Nordstrander Recht $^1/_2$ + halbes Schwestertheil.

Sondergut vererbt sich in allen Systemen nach B.G.B. Früher richtete sich die Vererbung theils nach gemeinem Recht, theils nach Jütischem Low, es war aber stets reine Erbfolge des subsidiären Rechts; deshalb kommt die Aufrechterhaltung des Güterrechts des Jütischen Low (Art. 55) nicht in Frage.

Für die vor dem 1. Jan. 1900 durch Tod aufgelösten beerbten Ehen tritt fortgesetzte Gütergemeinschaft nach den Grundsätzen zu A. ein. Die Schichtquote des parens ist die Hälfte des Gesammtguts.

Ausnahmen:

1. Flensburg und Nordstrand.

   Witwe erhält besten Kindestheil des Sammtguts, nach Nordstrande Recht in Concurrenz mit einer oder zwei Töchtern die Hälfre.

2. Nordstrander	Recht	Ueberlebende Ehemann	erhält die Vortheile der obenstehenden Tabelle für die übergeleiteten Ehen.
Dänisches		Ueberlebende Ehegatte	

1) Hauptsächlich Amrum, Lohharde, Westtheil von Föhr, Nordspitze von Sylt. Vergl. Min.Bl. f. inn. Verw. 67 S. 246.

2) Esmarch S. 183 Schleswig-Holst. Anz. 1876 S. 346.

C. Fahrnißgemeinschaft des Jütischen Low.

Sie gilt im ganzen Herzogthum Schleswig mit Ausnahme der Gebiete zu B. 1, 2, 5, 6, und der Städte Burg und Tondern, sowie der Insel Fehmarn. Sie wird übergeleitet in die Fahrnißgemeinschaft des B.G.B., aber die altrechtlichen Grenzen zwischen Gesammtgut und Sondergut bleiben erhalten. (Art. 55.).

Sammtgut.	Sondergut.
1. Eingebrachte Mobilien und Häuser.	1. Eingebrachtes Land.
2. Kaufland (in der Ehe gekauftes oder erworbenes Land).	2. Ererbtes Land.
3. Ererbte Mobilien und Häuser, wenn der andere Ehegatte auch geerbt.	3. Land, das mit dem Erlös von 1 und 2 erworben.
	4. Ererbte Mobilien und Häuser, wenn der andere Gatte nichts geerbt hat.

Bei Auflösung der Ehe durch den Tod treten, falls der Ueberlebende nicht die Rechte aus dem B.G.B. wählt, nachstehende Folgen ein:

Unbeerbte Ehe.	Beerbte Ehe.	Schichtung.	Entziehbarkeit.
Beiderseitiges Sondergut wird unter Erstattung des zu Gemeinschaftszwecken verbrauchten [1]) ausgeschieden und fällt an den Ueberlebenden resp. an die Erben des Verstorbenen zurück. Der Ueberlebende erhält die Hälfte des Sammtguts als unentziehbare Statutarportion, erbt weiter nichts.	Fortgesetzte Gemeinschaft nach den Sätzen zu A: Umfang: a) Sammtgut mit Ausnahme des Kauflandes, wenn Ehemann überlebt. b) Ertrag des Sonderguts beider Ehegatten (ausgenommen Festestellen und Bondengüter.[2]) Ueberlebende verwaltet das Sondergut des Verstorbenen.[3])	Gründe wie zu A: Ausnahme: der Wittwer braucht bei Wiederverheirathung nicht zu theilen.[4]) Schichtquote: 1. Wittwe erhält besten Kindestheil am Sammtgut. 2. Wittwer erhält: a) Kaufland vorweg, b) Besten Kindestheil vom Sammtgut und vom Sondergut der Frau.	Recht auf Fortsetzung der Gemeinschaft,[5]) Schichtquote, väterliche Aussage unentziehbar. parens superstes kann über die Schichtquote unter Berücksichtigung des Pflichttheilsrechts testiren.[6]) §§ 1933, 2235 fg. finden keine Anwendung.

Für die am 1. Jan. 1900 durch Tod aufgelöst gewesenen beerbten Ehen gelten die gleichen Grundsätze; die Descendenten theilen mit Geschlechtsunterschied. Der Antheil eines Abkömmlings an der Gemeinschaft mit dem parens superstes fällt in das Sammtgut der Ehe des Abkömmlings, falls diese dem Jütischen Low schon unterstand.[7])

---

1) Stemann 71, 136.
2) Stemann S. 127 fg. Nicht aber des Sonderguts, was p. s. erst erwirbt.
3) Ertrag des Sonderguts der Kinder (Stemann S. 127) fällt jetzt fort.
4) Stemann S. 150.
5) Esmarch 112. Stemann 180.
6) Stemann S. 182.
7) Stemann S. 39 fg.

D. Errungenschaftsgemeinschaft.

Geltungsgebiet: Landschaft Nord- und Süddithmarschen, Insel Fehmarn, Nordstrander Landrechtsgebiet für ganz kinderlose Ehen. Ueberleitung: Errungenschaftsgemeinschaft des B.G.B., die Verfügungsbefugniß des Ehemanns wird erhalten.

Sondergut war in diesen Gebieten nach Statut:

1. Die Illaten,
2. Lucrativer Erwerb in der Ehe,
3. Objecte, die an Stelle des Sonderguts angeschafft sind.

Alles andere Gut, insbesondere die Revenuen der Illaten werden Gesammtgut.

Bei der Ueberleitung wird das Sondergut eingebrachtes Gut, vertragsmäßig constituirtes Sondergut Vorbehaltsgut nach B.G.B.

Erbfolge für dieübergeleiteten Ehen:

	Unbeerbte Ehe.	Beerbte Ehe.	Entziehbarkeit.
1. Dithmarsisches Landrecht. Landschaft Nord- und Süderdithmarschen.[2]) 2. Fehmarnsches Landrecht. Insel Fehmarn (ausgenommen Stadt Burg).	Zurücknahme des Sonderguts und Theilung des Sammtguts. Im Norddithmarschen fällt der Wittwe auch die Widerlage und Hälfte der Mobilien des Mannes zu.[3])	Fortgesetzte Gemeinschaft nach den Sätzen zu A. Schichtquote: Wittwer behält außer seinem Sondergut die ganze Errungenschaft. Wittwe theilt wie in unbeerbter Ehe.[4])	1. Fortsetzung der Gemeinschaft ist einseitig ausschließbar. 2. Erbquote in unbeerbter Ehe ist nicht entziehbar. 3. §§ 1933, 2235 fg. finden nur Anwendung gegen den beerbten Wittwer und auf das Voraus in Nordd. 4. parens superstes kann über seine Quote testiren unter Pflichttheilsrecht der Kinder.

Für die am 1. Jan. 1900 aufgelösten Ehen gelten die obigen Grundsätze; in Fehmarn nimmt der männliche Descendent den doppelten Antheil.

3. **Nordstrander Recht. Ueberlebende erhält sein Sondergut und die Hälfte des Sammtguts als unentziehbare Statutarportion; er wird also meist das vortheilhaftere Erbrecht des B.G.B. wählen.**

1) Für das Nordstrander Recht will Esmarch (S. 183) Erbschaften dem Sammtgut zuweisen; dies dürfte unrichtig sein.

2) Amtsgerichte Heide, Lunden, Wesselburen, Eddelak, Meldorf Marne.

3) Die Auffassung der Motive S. 192, daß in Fehmarn die Wittwe auch die Hälfte der Mobilien erbt (vergl. Roth 154), ist unrichtig (vergl. Esmarch 175, Paulsen S. 248, Schleswig. Anz. 1876 S. 340).

4) Esmarch a. a. O.

E. Verwaltungsgemeinschaftssysteme.

Die nachstehenden Rechte werden unter Erhaltung des Gütererbrechts das in gesetzliche Güterrecht des B.G.B. übergeleitet.

	Unbeerbte Ehe.	**Beerbte Ehe.**	**Entziehbarkeit.**
1. Sächsisches Recht. Geltungsgebiet: Ganz Holstein, soweit keine speziellen Statuten gelten.	Sonderung zwischen Mannesgut und Frauengut. a) Mann erbt die Mobilien des Frauenguts (ausgenommen Kapitalien) und 1/4 des Restes. b) Frau erbt 1/3 des Mannesguts.	Fortgesetzte Gemeinschaft wie zu A. Schichtquote: Mann erhält den Antheil wie in unbeerbter Ehe, Frau erhält nur 1/4 des Mannesguts.	Die Erbquoten sind unentziehbar; die Fortsetzung der Gemeinschaft ist ausschließbar.[1] §§ 1933, 2235 finden Anwendung.
2. Schauenburgisches Recht. a) Pinneberg und Uetersen. b) Grafschaft Rantzau. c) Altona. Agg. Altona, Elmshorn, Pinneberg, Uetersen, z. Th. Rantzau, Blankenese, Glückstadt.	Wahlrecht zwischen 1. Sonderung ohne Erbrecht und 2. Hälfte der Masse.[2]) Das Wahlrecht ist an sich vererblich, es können jedoch die Miterben Frist stellen. (Art. 46, 45.)	Fortgesetzte Gemeinschaft wie zu A. In den Gebieten zu a und c keine Verfügung über Immobilien. Schichtquote: In den Gebieten a und b dasselbe Wahlrecht wie in unbeerbter Ehe,[3] in Altona die Wittwe nur Sonderung und Kindesantheil am Gut des Verstorbenen, aber höchstens 1/4.[4]	Wahlrecht ist unentziehbar. §§ 1933, 2235 finden keine Anwendung.
3. Lübisches Recht. Städte: Burg, Crempe, Glückstadt, Heiligenhafen, Itzehoe, Kiel, Lütjenburg, Neustadt, Oldenburg, Oldesloe, Ploen, Rendsburg, Segeberg, Tondern, Wilster.	Sonderung des Mannes- u. Frauenguts wie in Pommern. Ueberlebende erhält Hälfte des Nachlasses des Verstorbenen.	communio prorogata nach den Grundsätzen zu A. Schichtung gewohnheitsrechtlich nur als Partialtheilung wie in Neuvorpommern.[5]	Die Erbquoten sind unentziehbar. Die Schichtung kann einseitig angeordnet werden. §§ 1933, 2235 fg. finden Anwendung.

Sondergut unterliegt überall dem Statut.

1) Mot. 167, Paulsen 358. 2) Fischer-Benzon, Das Güterrecht in dem vormals Schauenburgischen Districte S. 98, Mot. 167. 3) Fischer-Benzon 101. 4) Schleswig. Anz. 1876 S. 343. 5) Schleswig-Holstein. Anz. 1850 S. 238, 1876 S. 341.

Für die am 1. Jan. 1900 aufgelösten Ehen gelten dieselben Grundsätze. Nur die Setzung der Frist aus Art. 46, 45 fällt fort.

F. Exemtionen.

Die Mitglieder der Schleswig-Holstein'schen Ritterschaft und des Adels leben in Schleswig überall nach Jütischem Low, in Holstein mit Ausnahme des Schauenburgischen Antheils leben sie nach sächsischem Recht; das letztere gilt auch für die in Holstein wohnenden Beamten und charakterisirten Personen, sowie für die Angehörigen der Universität Kiel.

Adlige Wittwen besitzen als Haubenbandsgerechtigkeit nach sächsischem Recht ein Nutzungsrecht auf Jahr und Tag sowie ein Voraus.

Lauenburg.

In der Stadt Mölle gilt Lübisches Recht, wie in Holstein zu E. 3, im übrigen herrscht Dotalrecht, das ohne erbrechtliche Nachwirkung in das gesetzliche Güterrecht übergeleitet wird.

In Schleswig-Holstein und Lauenburg sind die Landgüterordnungen vom 2. April 1886 und 21. Febr. 1881 erhalten. In Lauenburg gelten analog wie in Hannover meierrechtliche Normen für die bäuerliche Bevölkerung; diese sind für die vor dem 1. April 1881 geschlossenen Ehen bestehen geblieben.

Provinz Hannover.[1])

Die Gütergemeinschaftssysteme werden übergeleitet in die Gütergemeinschaft des B.G.B., die statutarischen Rechtsfolgen für die Auflösung der unbeerbten Ehe erhalten, die anderen Güterstände treten in das gesetzliche Güterrecht über, ohne daß altrechtliche Vortheile gewahrt bleiben. Nur bei den Stadtrechten von Stade und Otterndorf bleibt das alte Recht in unbeerbter und beerbter Ehe bestehen. Den Gütergemeinschaftssystemen wird gleichgestellt das theoretisch der Verwaltungsgemeinschaft zugehörige Recht des Landes Wursten für den Fall, daß in der Ehe ein Kind geboren wird, dann tritt Gütergemeinschaft des B.G.B. auch nach dem 1. Jan. 1900 ein.

Mit der statutarischen Erbfolge concurrirt überall das Recht, die Erbfolge nach B.G.B. zu wählen.

Daraus ergeben sich nachstehende Resultate:

---

1) Ueber die geltenden Gesetze vergl. Rudorff, Das hannoversche Privatrecht, S. 416 fg., wo die Statuten zum großen Theil abgedruckt sind. Für Osnabrück lag mir auch eine Zusammenstellung vor, die wohl für einen amtlichen Bericht des Lg. verfaßt ist. Sie ist als „Bericht für Osnabr." citirt.

A. Gütergemeinschaftssysteme.

I. Uebergeleitete Ehen:

Recht und Gebiet.	Literatur.	Erbquote des Ueberlebenden in unbeerbter Ehe nach Statut.	Ist die Erbquote entziehbar?
1. Alte Land. Reformatio des alten von Bischoff Christoffers gegebenen Landrechts. Ag. Jork.	Büttner Jur.Z. 1852. Hinüber Zeitschr. VII S. 326.	$^{1}/_{2}$ der Masse.	Nein.[1])
2. Hadeln. Had. Landrecht 1583. Ag. Otterndorf ohne Stadt.	Wesenberg. H.M. II S. 401.	$^{1}/_{2}$	Nein.
3. Wursten, nur wenn Kinder in der Ehe geboren und gestorben sind. Wurstener Landrecht 1611, Land Wursten, Kirchspiel Altenwalde. Ag. Dorum.	Ritter N.H.M. VIII S. 151 fg.	Sonderung zwischen Mannes- u. Frauengut. Mann giebt die Hälfte der Illaten, Frau die Hälfte des Mannesguts heraus.	Nein.[2])
4. Verden. Verdener Statut 1582. Stadt Verden.	Ritter N.H.M. VIII 347, IX 3 fg.	Konsolidation,[3]) behält alles.	Ehemann kann über die Hälfte ohne Pflichttheilsrecht der Frau testiren, sonst nein.
5) Osnabrück. a) Gewohnheitsrecht in Städten u. Flecken des Fürstenthums Osnabrück. Orte: Osnabrück, Quakenbrück, Melle, Vörden, Fürstenau, Iburg, Bramsche.	Petersen, Eheliches Güterrecht der Stadt Osnabrück.	Behält alles außer der Recadenz — $^{1}/_{3}$ der Illaten —, die an die Erben des Verstorbenen fällt.[4])	Nein.[5])

---

1) Hinüber S. 340, Büttner 294.
2) Ritter 178.
3) Ritter 400.
4) Petersen S. 122, Rudorff S. 460.
5) Petersen S. 112.

Recht und Gebiet.	Literatur.	Erbquote des Ueberlebenden.	Ist die Erbquote entziehbar?
b) Besonderes Recht für die früher eigenhörigen Stellen des Fürstenthums Osnabrück. Agg. Bersenbrück, Fürstenau, Iburg, Malgarten, Melle, Osnabrück, Quakenbrück, Wittlage ohne die Orte zu a.[1])	Lodtmann, Zeitschr. III S. 3, 327 fg.	Consolidation.[2])	Nein.
6. Bentheim. Gerichtsordnung 23. Nov. 1690. Agg. Bentheim, Neuenhaus.	Kirchhoff, N.H.M. VII S. 355 fg. Welter-Schulz 106.	Consolidation.	Nein.[3])
7. Münster. Münstersche Polizeiordnung 1592, adjecta 1601, 1607. Agg. Meppen, Sögel, Papenburg, Stadt Emsbüren, Münstersche Abspliße.	Niehaus, N.H.M. III 178, 359. Schultz S. 87—103.	Nach Sonderung der Illaten, erhält der Ueberlebende die Hälfte der Errungenschaft und lebenslänglichen Nießbrauch am Ganzen.[4])	Ja.[5])
8. Lingen. Lingen'sches L.R. 1639. Agg. Freren und Lingen mit Ausnahme der Orte zu 7.	Niehaus, N.H.M. III S. 379. Koch, Zeitschr. Bd. IV S. 110.	1/2 und Nießbrauch an der anderen Hälfte mit Inventar- und Kautionspflicht.	Nach der Praxis nein, nach Niehaus a. a. O. 382 nur Disposition über Immobilien ausgeschlossen.
9. Lüneburg, Uelzen. Reformatio 1679. Verbesserte Einrichtungen von 1778 Städte Lüneburg und Uelzen. Beide Rechte wesentlich gleich.	Ubbelohde, Erörterungen zum Lüneburger Stadtrecht.	Consolidation.	Nein.[6])
10. Hildesheim, Gem. Bescheid 1637. Stadt Hildesheim, ausgenommen Domfreiheit.	Hardeck, Hildesheimer Statutarrecht.	Consolidation.[7])	Nein.[8])

1) Uebergeleitet nur die Ehen, bei denen dies Recht nach 1. Juli 1875 vertraglich eingeführt ist, sonst gilt das Höfegesetz, die Sätze finden aber auch Anwendung auf die älteren Ehen. Vergl. unten E. 2) Lodtmann S. 345. 3) Schultz S. 107. 4) Niehaus S. 359 fg. 5) Niehaus S. 189. 6) Ubbelohde S. 39. 7) Hardeck S. 62. 8) Hardeck S. 38

11. Diepholz. Landgemeinden des Ag. Diepholz mit Ausnahme des früheren Hessischen Orts Wagenfeld u. früheren Amts Lemförde.[1])		Grundsatz: Längst Leib Längst Gut. Alleinerbrecht des Ueberlebenden gilt als vereinbart.	Nein.

Vorkinder aus der ersten Ehe des versterbenden Ehegatten treten als dessen Erben in den Gebieten zu 1—3, 5 a, 8 ohne Modification ein[2]); im Münster'schen und Lingen'schen Gebiet erhalten sie ihre Erbquote sofort frei von dem sonst dem Ueberlebenden zustehenden Nießbrauch.[3]) In den übrigen Gebieten galt Todtheilung, sie haben ihr Pflichttheilsrecht daher verloren[4]), dagegen schließt ihre Existenz die Consolidation zu Gunsten des Stiefparens aus. Sie erhalten also in Verden, Bentheim, Hildesheim die Hälfte der Masse. In Lüneburg erhalten die Vorkinder jedenfalls das Erbgut und sonstige Immobilien, die der binubus eingebracht hat, der Stiefparens behält den lebenslänglichen Nießbrauch daran und die beweglichen Illaten des Verstorbenen.[5]) Auch in Diepholz versagt der Grundsatz Längst Leib Längst Gut den Vorkindern gegenüber.[6]) Für den Fall der

Tabelle zu II. **Rechte des parens superstes.** **Rechtsverhältnisse**

	Unter Lebenden.	Von Todeswegen.	Verfügung über seinen Antheil.
1. Alte Land.	Freie Veräußerung ohne Zustimmung der Kinder.[7])	Disposition über den Schichttheil unter Pflichttheilsrecht der Kinder.	Keine Disposition. Unpfändbar.
2. Hadeln.	Wie zu 1.[8])	Wie zu 1.	Kann testiren, aber nicht veräußern.

1) In der Praxis die G.G. bestritten. Motive folgen dem Bericht des O.L.G. Celle.
2) Z. B. Lingen'sches L.R. III § 7, Hinüber S. 341.
3) Münster P.O. Kap. VII §§ 14, 15, Francke S. 24. Dies ist freilich controvers. Vergl. auch Zusätze bei Rudorff S. 440 § 89 Abs. 3 und Schultz S. 102, 109. Auch der Bericht für Osnabrück erwähnt diese Modification nicht.
4) Ausnahme für unbeerbte zweite Ehe: Hildesheim.
5) Reformatio Sechster Theil Tit. VIII, XI, XIII.
6) Zeitschr. VII S. 94. 7) Francke S. 7 (Hinüber a. a. O. S. 359 verlangt Konsens). 8) Francke S. 1, Wesenberg dagegen verlangt Konsens a. a. O.

Statutarerbfolge bleiben diese Sätze bestehen, wenn auch das Erbrecht der Kinder an sich dem B.G.B. untersteht.[1])

§§ 1933, 2235 fg. B.G.B. finden nur Anwendung:

a) in Wursten und Münster auf die ganze Erbquote.

b) in Lingen in Bezug auf den Nießbrauch,

c) in Verden beim Tode des Mannes.

Sondergut vererbt sich überall nach B.G.B., weil es dem gemeinen Recht unterstand. (cfr. Niehaus N.H.M. III. S. 191. Ritter N.H.M. S. 169, 215, 384, 400. Petersen S. 378.[2])

II. Rechtsverhältnisse der am 1. Jan. 1900 aufgelösten Ehen:

In Münster und Lingen dauert in unbeerbter Ehe der oben erwähnte Nießbrauch fort; im Uebrigen interessiren nur die beerbten Ehen, bei denen überall fortgesetzte Gütergemeinschaft und zwar in den Gebieten 1—3, 4 b, 8 [3]) nach dem Prorogationssystem, sonst nach dem Consolidationssystem eingetreten ist. Schichtung kann bei Wiederverheirathung, sonst in den angegebenen Fällen verlangt werden. Die Nachfolge in den Nachlaß des in der Gemeinschaft versterbenden Parens wird von der Praxis als Erbfolge aufgefaßt und untersteht daher dem B.G.B.[4]) Der Antheil an der Gemeinschaft fällt nur in Verden und Lingen in die G.G. des Kindes mit dessen Ehegatten.[5])

des Kindes.

Altrechtliche Folge beim Tode des Kindes.	Nachfolge in den Antheil nach dem 1. Januar 1900.	Schichtung.	Todttheilung.
Descendenten des Kindes treten aus eigenem Recht ein.[6])	Altes Recht.	$\frac{1}{2}$ $\frac{1}{2}$	Nein.[7])
Intestaterbfolge.	Vererbung nach B.G.B.	Auch bei Verschwendung.[8]) Mann erhält $\frac{1}{2}$, Frau bei einem Kind $\frac{1}{2}$, bei mehreren $\frac{1}{3}$. Nach Wesenberg a. a. O. S. 417 kann das großjährige Kind von der Mutter Sonderabschichtung verlangen.	Nein.[9])

1) Vergl. oben Erster Abschnitt V 5.
2) Die Praxis stimmt damit überein.
3) Für 8 ist es controvers, vergl. weiter unten.
4) Cfr. z. B. Francke 2, Ritter a. a. O. S. 215.
5) Ritter, N.H.M. IX S. 12 Bericht für Osnabrück.
6) Hinüber S. 347 fg.
7) Hinüber S. 341.
8) Wesenberg S. 412.
9) Francke S. 3, 4, Wesenberg S. 418.

	Rechte des parens superstes.		Rechtsverhältnisse
	Unter Lebenden.	Von Todeswegen.	Verfügung über seinen Antheil.
3. Wursten.	Wie zu 1 (Ausnahme Schenkung nur bis zur Schichtquote.[1])	Disposition über Schichtquote ohne Pflichttheilsrecht des Kindes.	Wie zu 2.[2])
4. Verden. a) Ehemann überlebt.	Wie zu 1.	Disposition über die Schichtquote ohne Pflichttheilsrecht des Kindes.[3])	Wie zu 1.[4])
b) Ehefrau überlebt.	Wie zu 1.	Disposition über den Kopftheil unter Pflichttheilsrecht der Kinder.[5])	Kind kann veräußern und testiren.[6]) Antheil also pfändbar.
5. Osnabrück.	Wie zu 1.[7])	Disposition über das ganze unter Pflichttheilsrecht der Kinder.	Wie zu 1.
6. Bentheim.	Wie zu 1.[8])	Wie zu 5.	Wie zu 1.
7. Münster.	Wie zu 1.[9])	Disposition über die Schichtquote und die Errungenschaft der fortgesetzten Gütergemeinschaft ohne Pflichttheilsrecht der Kinder.[10])	Wie zu 1.
8. Lingen.	Controvers wie weit die Verfügung des parens superstes über Immobilien reicht. Oberlandesgericht Celle bejaht für Lingen, verneint für Freren, Niehaus a. a. O. verneint überhaupt.[11])	Disposition über Schichtquote unter Pflichttheilsrecht der Kinder.	Kind kann veräußern und testiren,[12]) die Pfändbarkeit wird trotzdem in der Praxis bezweifelt.

1) Francke S. 6, Ritter, N.H.M. VIII S. 196—201. 2) Ritter S. 202. 3) Verdener Statut 31. 4) Ritter, N.H.M. IX S. 12. 5) Ritter S. 9. 6) Ritter S. 12. 7) Francke S. 15, Petersen 170. 8) Francke S. 20. 9) So die Praxis, anderer Meinung war das Otr. Str.A. 45 S. 352, 51 S. 107. 10) Schultz S. 97, Niehaus S. 191, nach der Praxis jedoch zweifelhaft, ob Kinder nicht Pflichttheilsrecht haben. 11) Nach dem Bericht für Osnabrück in Freren communio prorogata, in Lingen Consolidation. 12) Schultz S. 112.

des Kindes.

Altrechtliche Folge beim Tode des Kindes.	Nachfolge in den Antheil nach dem 1. Januar 1900.	Schichtung.	Todttheilung.
Wie zu 2.	Wie zu 2.	Nach den Köpfen.[1])	Nur bei mehreren Kindern, doch nehmen diese an späteren Erbschaften theil.[2])
Scheidet aus der Were aus.	Altes Recht.	Nach Köpfen, Wittwer muß bei zweiter Heirath nach 1. Jan. 1900 theilen, wozu er früher nicht verpflichtet. Art. 67 Nr. 2.	Ja.[3])
Es treten nach Intestaterbfolge ein: 1. Descendenten, nicht der Ehegatte, 2. der parens.[4])	Vererbung nach B.G.B.	Wittwe muß theilen, auch bei Großjährigkeit des Sohnes, Heirath der Tochter und Verschwendung. Nach Köpfen.	Ja.[5])
Wie zu 4 a. Descendenten treten aus eigenem Recht ein.	Altes Recht.	1/2 1/2. Auch bei Verschwendung. Freiwillig kann der parens nicht schichten.[6])	Ja.
Wie zu 5.	Altes Recht.	Auch bei Verschwendung 1/2 1/2.	Ja.[7])
Wie zu 5.	Altes Recht.	Wittwer 1/2. Wittwe erhält bei mehreren Kindern 1/3 sonst 1/2. Auch bei Verschwendung. Schichtung ex. tunc. Errungenschaft bleibt dem superstes.	Ja.[8])
Vererbung nach A.L.R.	Vererbung nach B.G.B.	1/2 1/2.	Nein.[9])

1) Ritter S. 217 fg. 2) Ritter S. 277. 3) Ritter S. 15. 4) Ritter S. 6, 12. Innerer Widerspruch mit N. 5 S. 46. 5) Ritter S. 28. 6) Petersen S. 176, Mot. S. 184. 7) Schultz S. 107. 8) Niehaus S. 191, 211. 9) Niehaus S. 383, Schultz S. 111.

	Rechte des parens superstes.		Rechtsverhältnisse
	Unter Lebenden.	Von Todeswegen.	Verfügung über seinen Antheil.
9. Lüneburg Uelzen.	Wie zu 1. Wittwe hat das ius abdicationis auch noch in fortgesetzter Gütergemeinschaft.[1])	Disposition über das Ganze unter Pflichttheilsrecht der Kinder,[2]) nicht aber über unbewegliches Erbgut.[3]) In die Masse fällt, was die Kinder an Stelle des verstorbenen Ehegatten erwerben.[4])	Wie zu 1.
10. Hildesheim.	Wie zu 1.	Controvers, nach Francke S. 15 über das Ganze, nach T E V 81 über die Schichtquote, nach Hardeck S. 80 und der Ortspraxis überhaupt nicht.	Wie zu 1.[5])
11. Diepholz.	Freie Verfügung, ausgenommen über Immobilien.	Letztwillige Verfügung scheint ausgeschlossen.	Wie zu 1.

B. Stadtrechte von Stade und Otterndorf. Beide stellen dar; sie treten über in das gesetzliche Güterrecht unter Aufrechterhaltung

	Geltungsgebiet.	Unbeerbte Ehe.	Beerbte Ehe.
1. Stader Statut von 1279.	Stade, Brunshausen, Buxtehude.	a) Falls Kinder gestorben, Alleinerbrecht des Ueberlebenden. b) Sonst Sonderung des Vermögens und Hälfte des Guts.[6])	Fortgesetzte Gütergemeinschaft mit Disposition außer über Immobilien. Schenkung und Testirbefugniß nur bis zur Höhe des eigenen Vermögens.[7])

1) Ubbelohde S. 20. 2) Francke S. 13, Einrichtung von 1778 § 14, Ubbelohde S. 39. 3) Ubbelohde S. 48. 4) Ubbelohde S. 22—25, bleibt auch nach 1900 bestehen als Nachwirkung der G.G. 5) Hardeck S. 82, 84. 6) Neubauer S. 55. 7) Francke S. 9.

des Kindes.

Altrechtliche Folge beim Tode des Kindes.	Nachfolge in den Antheil nach dem 1. Januar 1900.	Schichtung.	Todttheilung.
Scheidet aus.	Altes Recht.	Auch bei Verschwendung.[1] $\frac{1}{2}$ $\frac{1}{2}$.	Ja.[2] Einzelne abgesonderte Kinder beerben den parens, der nicht zur zweiten Ehe schritt, unter Kollation mit.[3]
Scheidet aus.[4]	Altes Recht.	Wittwer $\frac{1}{3}$. Wittwe Kindertheil.[5]	Ja. Erbrecht gegen den parens, wenn dieser in kinderloser zweiter Ehe nach dem Stiefparens stirbt, dann Pflichttheilsrecht.[5]
Scheidet aus.	Altes Recht.	Schichtung nicht üblich. Der Vater schließt Einkindschaftsvertrag, Stiefvater wird Interimswirth.	

Uebergangsformen zwischen Gütergemeinschaft und Verwaltungsgemeinschaft des Gütererbrechtes.

	Schichtung.	**Entziehbarkeit.**
Kind kann über seinen Antheil verfügen, derselbe ist auch pfändbar und vererbt nach B.G.B.	Nur bei zweiter Ehe. parens superstes nimmt sein Gut zurück, theilt das andere mit den Kindern nach Köpfen.[7]	Rechte des parens superstes sind unentziehbar. §§ 1933, 2235 fg. finden Anwendung.

1) Ubbelohde S. 27. 2) Ubbelohde S. 35. 3) Ubbelohde S. 29. 4) Hardeck S. 85, 91. Auch der Enkel soll nicht eintreten. M. E. unrichtig. 5) Hardeck S. 91. 6) Hardeck S. 102. 7) Mot S. 168.

	Geltungsgebiet.	Unbeerbte Ehe.	Beerbte Ehe.
2. Otterndorfer [1]) Statut 1541.	Stadt Otterndorf.	Frau erhält Illaten und 1/3 des Mannesguts. Mann erhält sein Gut und 2/3 der Illaten der Frau.	Wittwe erhält neben einem Kinde 1/2, sonst 1/3 des Sammtguts und Beisitz. Mann erhält nur Beisitz am Frauengut, muß die Antheile bei Großjährigkeit des Kindes herausgeben, er verliert 1/3 seines Guts, das die Kinder erben, behält aber lebenslänglich den Beisitz. [2])

C. In das gesetzliche Güterrecht werden ferner übergeleitet:

1. Die Errungenschaftsgemeinschaft des Zugewinnstes nach Althessischem Recht unter Aufrechterhaltung der Theilungsprincipien; diesbezüglich ist zu verweisen auf die Ausführungen bei Hessen-Nassau unter B.

Dieselbe gilt für die Ehen der Schriftsässigen der Amtsgerichte Uchte, Bassum, des früheren Amts Lemförde, des Ortes Wagenfeld und des Guts Auburg, und in einzelnen Ortschaften des früheren Obergerichtsbezirkes Göttingen. [3])

2. Die Verwaltungsgemeinschaft des A.L.R., geltend in den Amtsgerichtsbezirken Duderstadt, Gieboldehausen und dem Landgerichtsbezirk Aurich.

3. Das Dotalrecht, welches für die Amtssässigen nach Althessischem Recht (zu 1), die Rittergutsbesitzer im Gebiet zu A 1, den Adel, die Militärpersonen und die Juden im Gebiet des Hildesheimer Rechts, die Militärpersonen im Osnabrücker Rechtsgebiet, und ferner überall sonst in Hannover galt, soweit eben die speciellen Statuten (A—C, 2) nicht Wirksamkeit besaßen. Hierzu wird auch die Altstadt Celle nach den Ermittelungen der Commission [4]) gerechnet. Sie unterstand aber dem Celler Stadtrecht von 1537 (Rudorff S. 422) mit Alleinerbrecht in unbeerbter Ehe; dagegen hatte der Ueberlebende in beerbter Ehe Beisitz, die Witwe erbte außerdem Kindestheil mit Beschränkung auf ein Fünftel. Bei Wiederverheirathung behielt der Ueberlebende noch den Nießbrauch an dem Erbe der Kinder. [5]) Diese Sätze bleiben für die beerbten vor dem 1. Jan. 1900 aufgelösten Ehen bestehen. Ferner verschwinden völlig diejenigen Statuten, welche nur in Modification des Dotalrechts dem Ueberlebenden ein Intestaterbrecht gewährten, das keine Wirkung des Güterstandes war, also Einbeck, Goslar, Harburg, Hannover, Osterode. [6])

D. Wegen der früher Schaumburgischen Theile siehe Hessen unter C.

---

1) Werenberg, H.M. II S. 401 fg. 2) Werenberg, a. a. O. S. 412.
3) Cfr. Neubauer S. 52 unter B 1. 4) Mot. S. 383. 5) Stadtrecht Tit. XVI.
6) Mot. S. 164, 165. Die Erbrechte siehe bei Rudorff 424—430, 462.

Entziehbarkeit.

Rechte sind unentziehbar.[1]) §§ 1933, 2235 fg. finden Anwendung.

E. Für die ländliche Bevölkerung kommen noch zwei Rechtssysteme in Frage.

1. Das Höfegesetz vom 2. Juni 1874 mit Nachtrag vom 24 Febr. 1880, anwendbar auf die nach dem 1. Jan. 1875 geschlossenen Ehen, zu deren Vermögen ein in die Höferolle eingetragener Hof gehörte, constituirte ein Anerbenrecht mit einem Voraus von $^1/_3$ des Hofwerths für den Anerben. Dies Anerbenrecht mit seiner näheren Ausgestaltung wurde erhalten durch Art. 64 E.G. und da seine Bestimmungen nicht für verträglich gehalten wurden mit der Ueberführung in die Gütergemeinschaft des B.G.B.[2]), die Ueberleitung durch den Antrag Brandenburg für diejenigen gütergemeinschaftlichen Ehen, welche dem Höfegesetz unterstanden, ausgeschlossen. (Art. 52 § 1 Abs. 1, Schlußsatz.) Für diese Ehen gilt also durchweg das alte Gütererbrecht in Verbindung mit dem Gesetz vom 2. Juni 1874.

2. Nicht übergeleitet werden ferner die vor dem 1. Jan. 1875 eingegangenen bäuerlichen Ehen, welche den Grundsätzen des Meierrechts folgen. Die erbrechtlichen Wirkungen dieser Ehen wurden durch das Höfegesetz nicht beseitigt und dauern nach § 200 fort, weil sie erbrechtliche Wirkungen des Güterstandes sind.[3])

Ein näheres Eingehen auf diese Rechtsnormen, welche gerade in Hannover durch vielfache Verordnungen umfangreiche Literatur und Judicatur fest ausgestaltet sind,[4]) gehört nicht in den Rahmen dieser Darstellung.

F. In der früheren Grafschaft Hoya (Agg. Hoya, Bruchhausen, Nienburg, Stolzenau, Sulingen, Syke) wird allerdings auch meist der Satz: Längst Leib, längst Gut im Ehevertrag vereinbart, er bedeutet aber nach der Praxis keine vereinbarte Gg. sondern nur ein Alleinerbrecht für den Fall kinderloser Ehe. Art 58 findet also keine Anwendung, in beerbter Ehe und wohl auch bei Vorkindern gilt trotz solchem Satz das Erbrecht des B.G.B.[5])

1) Werenberg, a. a. O. S. 411. 2) Cfr. Mat. 574 fg., 714. 3) Cfr. R.G. Jur. Woch. 1890 S. 299 Nr. 9. 4) Lodtmann, Zeitschr. Bd. III S. 3, 327; Müller, Zeitschr. II S. 343 fg.; Niemeyer, Hoya'sches Meierrecht; Stromeyer, N.H.M. Bd. VI S. 410, VII 203, 323; Busch, Hildesheimer Meierrecht; Frank, Nachfolge in Meiergüter; Francke, Entscheidungen der O.A. Celle im Gebiet des bäuerlichen Erbrechts und ehelichen Güterrechts; Rudorff S. 138—181. 5) Vergl. Zeitschr. II S. 369.

Provinz Hessen-Nassau, der Bezirk des früheren Justizsenats Ehrenbreitstein, Hohenzollern.

Oberlandesgerichte Cassel, Frankfurt.

A. Gütergemeinschaftssysteme:

Fuldaisches Recht gilt auf Grundlage der Verordnung vom 17. Dez. 1719 in dem früheren Kreisgerichtsbezirk Fulda und einzelnen altfuldaischen Bezirken; es umfaßt die Amtsgerichtsbezirke Salmünster, Fulda, Hünfeldt, Neuhof, Großenlüder, Weyhers, Burghaun, Eiterfeld, (mit Ausnahme des Ortes Fischbach und der dem Dotalrecht unterworfenen, reichsritterschaftlichen Ortschaften der beiden letzten Gerichte aufgeführt in Neubauer S. 58) ferner die Orte Herolz, Sannerz, Weipers, Marborn, Batten, Brand, Leibhardts, Melperts, Seiferts, Oberhards, Steinbach, Dietjes (z. Th.). Ferner wird als Gütergemeinschaft die beerbte Ehe nach dem Würzburger Landrecht aufgefaßt, das in 13 Orten des Amtsgerichtsbezirks Hilders [1]) bestand, und beide Systeme in die Gütergemeinschaft des B.G.B. übergeleitet, das letztere Recht auch dann, wenn die Geburt des Kindes nach 1900 erfolgt und ohne Rückverwandlung bei Tod des Kindes nach 1900. Das Statutarerbrecht wird durch das A.G. nur für den Fall der unbeerbten Ehe erhalten, die alten Normen der beerbten Ehe interessiren daher nur für den Fall, daß ein Ehegatte vor dem 1. Jan. 1900 gestorben ist.

I. Uebergeleitete unbeerbte Ehen.

	Erbrecht des Ueberlebenden.	Entziehbarkeit.	Sondergut.
Fulda.[2])	Alleinerbrecht nach Consolidationsprincip.	Unentziehbar. §§ 1933, 2235 finden keine Anwendung.	Vererbt nach B.G.B.[3])
Würzburg.[4]) wenn also die Kinder gestorben sind.	Ueberlebender nimmt seine Illaten, die Hälfte der Errungenschaft zurück und erhält von dem Rest $^1/_4$.	§§ 1933, 2235 finden Anwendung. Unentziehbar.	Wird von der Beerbung mitumfaßt.

1) Vergl. Neubauer S. 61.

2) Literatur: Thomas, System; Gößmann, Lehre von der allgemeinen Gütergemeinschaft; Keller, Kurhessische Mittheilung. III S. 239 fg.; Becker, Pr. Arch. XV. S. 204 fg.

3) Keller S. 252, 264.

4) Neubauer S. 127 fg.

II. Für die am 1. Jan. 1900 durch Tod aufgelösten beerbten Ehen dauert die in beiden Rechtsgebieten eingetretene Consolidation unter Beachtung folgender Normen fort:

	Rechte des parens superstes.	Rechte des Kindes an seinem Antheil.	Schichtung.
1. Fulda.	Kann frei disponiren über das Ganze, testiren darüber aber nur unter den Kindern, unter Einhaltung des Pflichttheilsrechts derselben.[1]	Kind hat keine Verfügung; der Antheil ist vor der Schichtung unveräußerlich und unvererblich. Dies bleibt bestehen.[2]	1. Freiwillig nur mit Konsens der Kinder. 2. Wenn der Ueberlebende nach dem 1. Jan. 1900 wieder heirathet; nach Art. 67 A.G.
2. Würzburg.	Wie oben.	Wie oben.	1. Bei Wiederverheirathung. 2. Bei schlechter Wirthschaft muß der Ueberlebende schichten. 3. Will er sonst schichten, so hat der Richter zu entscheiden, wenn sich die Kinder weigern. 4. Das Gericht kann auch sonst Schichtung anordnen. parens $1/3$, Kinder $2/3$.

Das Würzburger Recht kennt Todtheilung, das Fuldaische nicht, die Schichtung nach Art. 67 soll die frühere Einkindschaft ersetzen. Dagegen wird im Fuldaer Recht die deutschrechtliche Accrescenz des Sammtguts erhalten bleiben müssen, wonach bei dem Tode des parens in der Gemeinschaft das Sammtgut mit Schulden auf die Kinder übergeht.[3])

Auch in Hohenzollern galt Gütergemeinschaft[4]), die durch Art. 52 in die des B.G.B. übergeleitet wird, doch mit der Maßgabe, daß die Verfügungsbefugniß des Mannes resp. des überlebenden Ehegatten in fortgesetzter Gütergemeinschaft über Grundstücke erhalten bleibt. Nur in Hechingen bedarf der Ehemann bei solcher Disposition des Consenses der Frau, in Sigmaringen ist er unbeschränkt, und ebenso der Ueberlebende in beiden Bezirken.[5]) Der unbeerbten Ehe Gütererbrecht bleibt dagegen be-

---

1) Thomas II S. 50, Keller S. 263, a. M. Roth S. 116, der vollständige Testirfreiheit annimmt.

2) Keller S. 245.

3) Keller S. 265, Heuſ. Ann. 23 S. 167, Fenner u. M. Entsch. 8. S. 249.

4) Literatur: Fischer in J.M. 1858, 224–232, Cramer, Das Hohenzollernsche eheliche Güterrecht 1885.

5) Cramer S. 12, 64, 65.

stehen. In Sigmaringen tritt Consolidation ein; in Hechingen ist die Qualität des Guts von Bedeutung, man unterscheidet:

1. Erbgut, was der Ehegatte vor oder während der Ehe ererbt hat,
2. Heirathsgut, was der Ehegatte durch Ausstattung oder durch Erwerb vor der Ehe eingebracht hat,
3. Errungenschaft, sonstiger Erwerb in der Ehe. Die Objekte zu 1 und 2 bilden das zugebrachte Gut.

Demnach sondert man Ehen mit Erbgut, und Ehen mit bloßem Heirathsgut, solche in der kein Ehegatte Erbgut eingebracht hat. Bei den Ehen mit bloßem Heirathsgut tritt Consolidation ein, bei den Ehen mit Erbgut, wird zunächst aus dem Sammtgut das Erbgut und Heirathsgut der beiden Ehegatten ausgesondert resp. nach dem Einbringungswerth erstattet. Die Errungenschaft oder etwaige Einbuße wird zu gleichen Theilen getheilt, und der Ueberlebende erhält vom Erbgut und Heirathsgut des Verstorbenen die Hälfte als Statutarportion.[1]) Die erwähnten Erbrechte sind einseitig durch letztwillige Verfügung nicht entziehbar,[2]) die §§ 1933, 2235 fg. können wohl nur auf die Statutarportion der Hechinger Ehe mit Erbgut Anwendung finden. In Hechingen vollzieht sich auch bei beerbter Ehe nach Auflösung der fortgesetzten Gütergemeinschaft die Theilung bei Wiederverheirathung nach dem alten Recht. Bei freiwilliger Theilung Seitens des parens superstes, bei Existenz von Vorkindern des Verstorbenen und im Fall der §§ 1509, 1510 B.G.B. hat der Ueberlebende die Wahl zwischen Statut und B.G.B. In allen diesen Schichtungsfällen wird der gütergemeinschaftliche Antheil des Ueberlebenden nach dem dargestellten Princip gefunden; außerdem erhält er ein Kindestheil von dem zugebrachten Gut des Verstorbenen.[3]) Sondergut vererbt nach B.G.B., da es dem gemeinen Recht unterstand.[4])

Für die am 1. Jan. 1900 aufgelösten Ehen bleibt die altrechtliche fortgesetzte Gütergemeinschaft mit den oben erwähnten Befugnissen des Ueberlebenden bestehen. Bei Wiederverheirathung hat er zu schichten, in Sigmaringen erhalten die Kinder die Hälfte der Masse, in Hechingen schichtet der Ueberlebende, wie bei der übergeleiteten Ehe dargelegt ist. Die Abtheilung ist keine Todtheilung. Der Ueberlebende kann über seine Schichtquote unter Wahrung des Pflichttheilsrechts der Kinder testiren.

Jüdische Ehen in Hechingen unterstanden dem Dotalrecht und werden in das gesetzliche Güterrecht übergeleitet.[5])

---

1) Cramer S. 62. Das System nähert sich also der Gemeinschaft des Zugewinnstes.
2) Cramer S. 16, 62, Fischer S. 227.
3) Cramer S. 118. Der Kindestheil fällt weg, wenn der Ueberlebende nichts in die Ehe eingebracht hatte.
4) Cramer S. 16, 88.
5) Mot. S. 162, Cramer S. 109.

B. Particuläre Gemeinschaft.

Dieselbe umfaßt den größten Theil des Rechtsgebiets und zwar gelten folgende Systeme:[1])

	Recht.	Bezirk.
I. Reine Errungenschaftsgemeinschaft.[2])	1. Solmser L.O.	Lg. Wiesbaden, Lg. Limburg (ausgenommen Stadt Wetzlar), Lg. Frankfurt (ausgenommen die Orte zu 2), Agg. Hachenburg, Höhr-Grenzhausen, Montabaur, Selters, Wallmerod.
	2. Frankfurter Recht.	Frankfurt mit Vorstadt Sachsenhausen, Bonames, Bornheim, Hausen, Niederursel (z. Th.), Oberrad, Niederrad.
	3. Nassau-Katzenellenbogener L.R. von von 1616.[3])	a) Wied-Neuwied: Ag. Neuwied z. Th.: Stadt Neuwied sowie Dörfer Altwied, Anhausen, Bonefeld, Datzeroth, Ehlscheid, Fahr, Gönnersdorf, Hardert, Heddesdorf, Hüllenberg, Jahrsfeld, Kurtscheid (z. Th.), Meinborn, Melsbach, Nieder-Oberbieber, Nieder-Oberhonnefeld, Nieder-Oberhümmerich, Nieder-Oberraden, Rengsbach, Rodenbach, Rockenfeld, Rüscheid, Segensdorf, Thalhausen, Wollendorf. b) Wied-Runkel Ag. Dierdorf mit Ausnahme der speziell genannten Orte. c) Condominat Maischeid: Großmaischeid, Kleinmaischeid, Stebach, Kausen, Isenburg.
	4. Mainzer L.R.	Stadt Wetzlar.
	5. Oberkatzenellenbogener L.R. u. V.O. vom 2. März 1795.	Ag. Battenberg, Biedenkopf, Gladenbach.
	6. Hachenburger Statut.	Die zu den Bürgermeistereien Flammersbach, Hamm, Weyerbusch gehörigen Orte des Ag. Altenkirchen, sowie ein Theil des Dorfes Seelbach.[4])

1) Die territorialen Grenzen sind in eingehender, historisch begründeter Untersuchung für I 2—4, 6, 7, II 1—3 nachgewiesen von Jünger, Territorien und Rechtsquellen im Bezirk des O.L.G. zu Frankfurt.

2) Sayn, Leibzucht zählt das Solmser, Mainzer und Hachenburger Recht auch im Bezirk Frankfurt zur Errungenschaft des Zugewinnstes. Vergl. Sayn S. 31, 19, 23, O.L.G. Frankfurt bei Johow XIII S. 419, die Darstellung folgt den Motiven S. 214. Das Frankfurter Recht auch nach den Motiven Zugewinnstgemeinschaft, steht hier wegen der gleichen Ueberleitung.

3) Sayn nimmt anscheinend an, daß die Nassau-Katzenellenbogener L.O. auch in dem Amt Atzbach (Ag. Wetzlar) gelte. Die Darstellung folgt dagegen der Anschauung von Jünger S. 46, wonach Tit 28 des Solmser L.R. recipirt ist.

4) Einzeln genannt Jünger S. 26—27.

	Recht.	Bezirk.
	7. Bendorfer Statut.	Stadt Bendorf.
	8. Würzburger Recht der unbeerbten Ehe.	Bezirk zu A.
II. Gemeinschaft der Mobilien und Errungenschaft.	1. Kurcöln.	Agg. Asbach, Linz (Ausnahme Hönningen). Ag. Wissen in den Orten Wissen, Altenbreidebach, Blickhauserhöhe, Köttingerhöhe, Seelbach (z. Th.), ferner Ag. Neuwied, soweit seine Ortschaften nicht speziell aufgeführt sind,[1]) und die Orte Burglahr, Oberlahr des Ag. Altenkirchen.
	2. Kurtrier.	Ag. Ehrenbreitstein, Ort Hönningen (Ag. Linz) und folgende Ortschaften des Ag. Neuwied: Engers, Gladbach, Heimbach, Irlich, Leutesdorf, Mühlhofen, Nieder-Oberhammerstein, Rheinbrohl, Sayn, Wels.
	3. Sayn-Altenkirchen.	Agg. Daaden, Kirchen und Altenkirchen, soweit die Orte des letzteren noch nicht angeführt, also Stadt-Altenkirchen, und die zur Bürgermeisterei Altenkirchen und Schultheißerei Mehren gehörigen Ortschaften, ferner die zur Bürgermeisterei Gebhardshain gehörigen Orte des Ag. Wissen.[2])
III. Gemeinschaft des Zugewinnstes.	1. Althessisches Recht der Amtssässigen.	Lgg. Kassel, Marburg (ausgenommen die zu Waldeck gehörigen und die I 5 erwähnten Gerichte), ferner Agg. Brotterode, Schmalkalden, Steinbach-Hallenberg, Orte Ausenau, Neudorf, Fischbach.
	2. Solmser L.O. im Bezirk Kassel.	Lg. Hanau, soweit nicht Fuldaisches Recht (A) oder Mainzer Recht (3) gilt.
	3. Mainzer L.R. im Bezirk Kassel.	Ag. Orb (Ausnahme zu 1), Orte Großenheim, Großkötzenburg, Oberrodenbach (Ag. Hanau).

Ueberleitung.

Die Rechte zu I. werden in die Errungenschaftsgemeinschaft des B.G.B., die Rechte zu II. in die Fahrnißgemeinschaft, die Rechte zu III. in das gesetzliche Güterrecht übergeleitet, die erbrechtlichen Wirkungen des Güterstandes überall mit Ausnahme des Althessischen Rechts erhalten.

Die altrechtlichen Grenzen der Vermögensmassen verschwinden (Art. 53 § 2, 54 § 2), nur in den Gebieten der Rechte von Kurtrier und Kurcöln

1) Jünger S. 10. 2) Jünger S. 20, 21.

bleibt die frühere Immobiliarqualität verschiedener Rechte bestehen.[1]) Damit wird auch die für Frankfurt streitige Frage, ob Ertrag des Sonderhandels Gesammtgut ist, beseitigt.[2]) In dem Gebiet zu III. wird der Erwerb des Ehegatten an sich nicht gemeinsames Eigenthum, sondern unterliegt nur als Errungenschaft der Disposition des Mannes und der Haftung für Eheschulden; bei der Auseinandersetzung wird aus der Errungenschaft erst ersetzt, was an Illaten und Sondergut verbraucht resp. verloren ist, und der Rest nicht in natura, sondern unter Ausgleichung durch Geld getheilt.[3]) Dieser Ausgleichungsanspruch bleibt den bestehenden Ehen erhalten.

Die Rechte des Ueberlebenden concentriren sich praktisch hauptsächlich in der Leibzucht, die theils ohne, theils neben anderen erbrechtlichen Vortheilen gewährt wird, und ausdrücklich erhalten bleibt; übrigens auch abgesehen hiervon als Rechtswirkung des Güterrechts anzusehen ist, weil sie in diesen Territorien des fränkischen Rechtsgebiets mit und aus der particulären Gütergemeinschaft erwuchs.[4])

Die Rechtsstellung des Leibzüchters ist nach drei Richtungen von Bedeutung.

a) Er hat das dingliche Recht auf Nutznießung, Verwaltung der Masse und der Veräußerung in beschränktem Umfange. Er kann Mobilien durchweg[5]) und Immobilien zum Zwecke der auf dem Leibzuchtsgut ruhenden Schulden veräußern, hat andererseits aber auch dessen Lasten zu tilgen.

b) Nach außen hin vertritt er soweit sein Befugniß reicht, allein die Masse.

c) die Rechte der Eigenthumserben ihm gegenüber, werden durch verschiedenartig gestaltete Vorschriften gesichert, insbesondere die Pflichten der Inventarisation, Caution und Entziehung der Leibzucht bei bestimmten Handlungen des Leibzüchters; in beerbter Ehe tritt noch die Verpflichtung zur Unterhaltung und Ausstattung der Kinder aus dem beleibzüchtigten Vermögen hinzu.

Alle diese Normen bleiben sowohl für die übergeleiteten Ehen, wie für die am 1. Jan. 1900 eingetretene Leibzucht bestehen, die Cautionspflicht ist selbst da, wo sie nur in beerbter Ehe vorkommt, kein Ausfluß des Kindesrechts,[6]) sondern ein Annexum der Leibzucht; ebenso ist auch der Anspruch der Kinder auf Ausstattung und Unterhalt Last des Leibzuchts=

---

1) Ich verweise auf die Aufzählung in den Motiven S. 199.

2) Neumann u. Levy S. 124, 125.

3) Mot. S. 195.

4) Vergl. Sayn S. 20 fg., R.G. Jur. Woch. 1895 S. 552, S.A.St. 4, 13, 196, Mot. S. 193. Den Gründen von Fohr, der in dem oben citirten Aufsatz für die Solmser L.O. Intestaterbrechtscharakter annimmt, vermag ich nicht beizupflichten, die Bezeichnung als Erbrecht wie die Motivirung des Vortheils sind gleichgültig; entscheidend ist der innere Zusammenhang mit der Gemeinschaft, deren Aufhebung thatsächlich suspendirt wird.

5) Sayn S. 59, Bertram S. 152, Neumann u. Levy, Frankfurter Privatrecht S. 180.

6) Wie Fohr in dem citirten Aufsatz annimmt, vergl. auch Habicht, Einwirkung S. 642.

rechts.[1]) Dagegen hat die Haftung des Ueberlebenden für die in der Ehe gemachten Schulden nichts mit dem Wesen der Leibzucht zu thun, und wird für die nach dem 1. Jan. 1900 entstehenden Schulden durch die Bestimmungen des B.G.B. ersetzt. Die Leibzucht ist der Ausübung nach übertragbar und unterliegt soweit der Zwangsvollstreckung und dem Concurse [2]), sie bedarf um dingliche Wirkung sowohl den Eigenthumserben wie Dritten gegenüber zu erlangen, nicht der Eintragung. Dies ergiebt sich jetzt aus der Begrenzung des § 873 B.G.B. auf Rechtsgeschäfte, war aber auch schon gegenüber dem § 12 E.E.G. anzunehmen.[3])

I. Reine Errungen

Zunächst wird die Gemeinschaft getheilt und zwar zu gleichen Theilen L.R. und Grafschaft Wied-Runkel. Hier erhält der Wittwer $^2/_3$, die Wittwe $^1/_3$ Stammgüter einer besonderen Succession, die nach Art. 59 E.G. erhalten.

	Unbeerbte Ehe.	Beerbte Ehe.	Bei Vorkindern des Verstorbenen aus dessen erster Ehe.
1. Solmser Landesordnung im Bezirk Frankfurt.[4])	Erbrechtsquote: Keine. Leibzuchtsobjekt: Sondergut des Verstorbenen und dessen Errungenschaftshälfte.	Wie in unbeerbter Ehe.	Keine Leibzucht außer an dem Erbtheil, welches den Kindern zweiter Ehe zufällt.[5])
2. Frankfurter Recht.[6])	Erbrechtsquote: Die Mobilien des Verstorbenen und dessen Errungenschaftshälfte. Leibzuchtsobjekt: Immobiliar-Sondergut des Verstorbenen.[7])	Erbrechtsquote: Hälfte der eingebrachten Mobilien des Verstorbenen. Leibzuchtsobjekt: Errungenschaftshälfte und eingebrachte Immobilien.[8])	Erbrechtsquote: Hälfte der eingebrachten Mobilien. Leibzucht nur im Umfange wie zu 1.[9])

1) R.G. Fenner u. M. II S. 231, S.A. XIII S. 317.
2) Sayn S. 110 fg.
3) Vergl. R.G. Bd. 32 S. 293, a. M. Sayn S. 27.
4) Specialliteratur Bertram, Nassauisches Recht, Roth und Meibom, Curhessisches Privatrecht, Becker, Pr. Arch. XV 105 und auch S. 26 fg.
5) Bertram S. 167.
6) Specialliteratur Bender, Frankfurter Privatrecht, Neumann u. Levy, Frankfurter Privatrecht.
7) Neumann u. Levy S. 173.
8) Nach Neubauer S. 65, Bender S. 496, Mot. S. 192 umfaßt die Leibzucht den ganzen Nachlaß, der Text tritt Neumann u. Levy S. 173 bei.
9) Neumann u. Levy S. 174, 175, dieser hält diese beschränkte Leibzucht m. E. unrichtig für elterliches Recht, sodaß sie erlöschen müßte.

Die Leibzucht kann durch einseitige Verfügung des Erstversterbenden nicht entzogen werden.[1]) Wo früher gemeinrechtliche Enterbungsgründe resp. Ehescheidungsgründe die Befugniß gaben, ist dies Recht beseitigt und ersetzt durch die anwendbare Normen der §§ 2235 fg. B.G.B. Die als Ausfluß der elterlichen Rechte bestehende Leibzucht an dem Eigenthum des Kindes, welche meist bis zur Großjährigkeit [2]) dauert, ist in Gemäßheit der Ausführungen des allgemeinen Abschnitts erloschen. Die statutarischen Rechte ergeben sich demnach aus den nachstehenden Tabellen.

schaftssysteme.

zwischen dem Ueberlebenden und den Miterben. Ausnahme: Gebiet des Mainzer der Errungenschaft; ferner unterliegen im Condominat Maischeid die sogen. bleibt.

Inventar und Kaution.	Beendigung der Leibzucht.	Nachtheile der zweiten Ehe.
Nur in unbeerbter Ehe gerichtliches Inventar.[3])	1. Vernachlässigung der Immobilien und schlechte Wirtschaft. 2. Absichtliche Verschweigung von Inventarstücken seitens der Wittwe.[4])	Leibzüchter muß auch wo er bisher nicht verpflichtet, inventarisiren und Kaution stellen.[5])
Auf Antrag der Miterben muß der Leibzüchter inventarisiren und Kaution stellen.[6])		Keine.[7])

1) Nach den Mot. S. 193 für Nassau-Katzenellenbogen und Solmser Recht in Wetzlar controvers. Sayn weist aber für das erstere Gebiet eine den anderen Rechten conforme Praxis nach, und für das andere Recht verdient diese Meinung ebenfalls den Vorzug.

2) Neumann u. Levy S. 157 fg., 175, Trier. L.R. Tit. VIII § 7, Kurköln, R.O. IX § 9, Sayn S. 42. Hierzu gehört auch die Leibzucht nach der Theilung in fortgesetzter Gütergemeinschaft. Vergl. die Ausführung bei Westfalen.

3) Sayn 76 fg.

4) Bertram S. 157 fg.

5) V.O. von 26. Nov. 1804, abgedruckt Bertram S. 86.

6) Neumann u. Levy S. 180.

7) Die Testirbeschränkungen und Erbrechtsverluste zu Gunsten der Kinder erster Ehe, vergl. Neumann u. Levy S. 145 fallen weg.

	Unbeerbte Ehe.	Beerbte Ehe.	Bei Vorkindern des Verstorbenen aus dessen erster Ehe.
3. Nassau-Katzenellenbogen.	Erbrechtsquote: Die Mobilien, in Wied-Neuwied nur die inferirten.[1]) Leibzuchtsobjekt: Immobiles Sondergut des Verstorbenen und dessen Errungenschaftsantheil, also in Wied-Runkel $^1/_3$, wenn die Mutter, $^2/_3$, wenn der Vater starb.	Erbrechtsquote: Die Hälfte der Quote unbeerbter Ehe. Leibzuchtsobjekt: Die nicht dem Ueberlebenden zufallenden Mobilien, sonst wie in unbeerbter Ehe.	Erbrechtsquote: Wie nebenstehend, Leibzucht nur wie zu 1. Gewohnheitsrechtlich hat der Stief-parens in Wied-Runkel volle Leibzucht.[2])
4. Mainzer Recht.	Erbrechtsquote: Bestimmt sich nach B.G.B. Keine Leibzucht.	Erbrechtsquote: Keine. Leibzuchtsobjekt: Errungenschaftsantheil des Verstorbenen und dessen Sondergut.	Erbrechtsquote wie nebenstehend, Leibzucht nur wie zu 1.[3])
5. Oberkatzenellenbogener L.R.[4])	Erbrechtsquote: Sämmtliche Mobilien. Leibzuchtsobjekt: Die immobile Errungenschaftshälfte und das immobile Sondergut des Verstorbenen.[5])	Erbrechtsquote: Die errungenen Mobilien. Leibzuchtsobjekt: Die immobile Errungenschaftshälfte und das ganze Sondergut des Verstorbenen.[6])	Erbrechtsquote: Die Mobilienerrungenschaft zweiter Ehe. Leibzuchtsobjekt: Immobile Errungenschaftshälfte und eingebrachte Mobilien des Verstorbenen, in beerbter zweiter Ehe auch die Erbtheile der zweitehelichen Kinder am immobilen Sondergut. Bei unbeerbter zweiter Ehe können Vorkinder Theilung verlangen. Stiefparens erhält statt Leibzucht Kindestheil.[7])

1) V.O. 24. Febr. 1747. Sayn S. 36. 2) Sayn S. 40.
3) M.L.R. Tit. VII § 2, 4, 7—8, vergl. Schödler, Pr. Arch. XVI S. 394.
4) Literatur: Pr. Arch. II 404, Schödler daselbst XVI S. 388, bezügl. der V.O. vom 2. März 1795, Becker daselbst XV S. 7 fg. Bopp S. 115 fg.
5) K.L.R. Th. II Tit. 3, Roth S. 163.
6) Ludwig vertheidigt Pr. Arch. XV S. 38, 225 fg. die Auffassung, daß der Ueberlebende kein Mobiliarerbrecht habe, die Praxis ist ihm aber nicht beigetreten, vergl. a. a. O. S. 253. 7) Schödler a. a. O. S. 389.

Inventar und Kaution.	Beendigung der Leibzucht.	Nachtheile der zweiten Ehe.
Nur in unbeerbter Ehe. Privatinventar auf Antrag der Miterben, sowie Kautionspflicht.[1])	1. Jedes Kindes Erbportion wird zur Hälfte leibzuchtsfrei, wenn das Kind sich verheirathet.[2]) 2. Unterlassung der Inventarerrichtung bei Wiederverheirathung nach beerbter Ehe. 3. Vernachlässigung der Güter. 4. Unsittlicher Lebenswandel.[3])	Inventarpflicht bei beerbter Ehe.
Keine Inventarpflicht vor der Wiederverheirathung.	Unterlassung der Inventarerrichtung bei zweiter Ehe.[4])	1. Inventarpflicht bei beerbter Ehe. 2. Jedes Kind erhält seine Erbportion leibzuchtfrei bei Großjährigkeit, Heirath oder Wirthschaftserrichtung.[5])
Inventarpflicht nur in unbeerbter Ehe.		Inventarisationspflicht bei beerbter Ehe.

1) Sayn S. 76, 85.
2) N.L.O. IV Kap. XI § 2.
3) Sayn S. 133.
4) M. L.R. VII § 7.
5) M. L.R. VII §§ 3, 4.

	Unbeerbte Ehe.	Beerbte Ehe.	Bei Vorkindern des Verstorbenen aus dessen erster Ehe.
6. Hachenburger Statut.	Erbrechtsquote: Die des B.G.B. Keine Leibzucht.[1])	Fortgesetzte Gütergemeinschaft und Leibzucht an dem Sondergut des Verstorbenen.[2])	Erbrechtsquote: Wie nebenstehend. Leibzucht nur an dem etwaigen Erbantheil des Kindes zweiter Ehe am Sondergut des Verstorbenen.
7. Bendorfer Statut.	Erbrechtsquote: Keine. Leibzuchtsobject: Errungenschaftshälfte und Sondergut des Verstorbenen.	Wie in unbeerbter Ehe.	Keine Erbrechtsquote. Leibzucht nur wie zu 1.
8. Würzburger L.R.	Erbrechtsquote: $^1/_4$ des Nachlasses. (Sondergut und Errungenschaftshälfte.)		

II. Gemeinschaften der

Hier erhält der Ueberlebende
1. sein immobiles Sondergut, 2. die Hälfte der im-
Ausnahme: Kurcöln. Hier erhält der Ueberlebende in beerbter Ehe

1. Kurcöln.	Erbrechtsquote: Die zweite Mobilienhälfte. Leibzuchtsobjekt: Immobile Errungenschaftshälfte und immobiles Sondergut des Verstorbenen.	Erbrechtsquote: Wie nebenstehend. Leibzuchtsobjekt: Ganze immobile Errungenschaft und immobiles Sondergut des Verstorbenen.	Erbrechtsquote: Wie nebenstehend. Leibzuchtsobjekt: Wie nebenstehend.[3])
2. Kurtrier.	Erbrechtsquote: Die zweite Mobilienhälfte, in Concurrenz mit	Erbrechtsquote: Kopftheil der zweiten Mobilienhälfte.	Erbrechtsquote: Wie nebenstehend in beerbter Ehe.

---

1) Vergl. Mot. S. 192.
2) Sayn S. 35.
3) Also auch an dem Gut der Stiefkinder.

Inventar und Kaution.	Beendigung der Leibzucht.	Nachtheile der zweiten Ehe.
Nur in unbeerbter Ehe ist Inventar zu legen und bei Gericht zu deponiren.	Die Leibzucht am Sondergut endet mit der Wiederverheirathung.[1]	Bei beerbter erster Ehe hat der binubus zu theilen. Kinder erhalten das Sondergut und die halbe Errungenschaft.
In unbeerbter Ehe gerichtliches Inventar.		1. Inventarpflicht in beerbter Ehe aber keine Kautionspflicht. 2. Die Erbportion jeden Kindes am Sondergut des Verstorbenen wird bei Heirath oder Wirthschaftserrichtung leibzuchtfrei. 3. Bei kinderloser erster Ehe hat der binubus die Mobilien des Verstorbenen an dessen Erben herauszugeben.[2]

Mobilien und Errungenschaft.

als seinen Antheil vorweg:
mobilen Errungenschaft, 3. die Hälfte aller Mobilien.
von der immobilen Errungenschaft keinen Gemeinschaftsantheil.[3]

Inventar ist binnen drei Monaten bei Gericht zu deponiren. Ueberlebende ist in unbeerbter Ehe kautionspflichtig, in beerbter nur die Mutter.[4]	Unterlassung der Inventarpflicht in unbeerbter Ehe und bei Vorkindern.[5]	Keine.
Nur in unbeerbter Ehe. Inventar- und Kautionspflicht wie in Cöln.	1. Unterlassung der Inventarpflicht.	1. Bei beerbter Ehe muß Inventar gelegt werden.

1) Die statutarische Fortdauer bis zur Großjährigkeit erlischt, weil Elternrecht.
2) Vergl. Sayn S. 86, 38, 37.
3) Mot. S. 201. Köln. R.O. II § 3, VIII 6.
4) Sayn S. 76.
5) Köln. R.O. VIII § 3. Vergl. Evelt bei Kamptz Jahrb. Bd. 29 S. 39. Sayn S. 132 Anm. 37.

	Unbeerbte Ehe.	**Beerbte Ehe.**	**Bei Vorkindern des Verstorbenen aus dessen erster Ehe.**
	Verwandten bis zum 4. Grade nur $\frac{3}{4}$ der ganzen Mobilienmasse. Leibzuchtsobjekt: Wie zu 1.[1])	Leibzuchtsobjekt: Immobile Errungenschaftshälfte und immobiles Sondergut des Verstorbenen sowie Mobiliarquoten der Kinder.	Leibzuchtsobjekt: Immobile Errungenschaftshälfte und immobiles Sondergut des Verstorbenen.[2])
3. Sayn, Altenkirchen.	Erbrechtsquote und Leibzuchtsobjekt: Wie zu 1.[3])	Fortgesetzte Gütergemeinschaft in Bezug auf das Gesammtvermögen. Leibzuchtsobjekt: Immobiles Sondergut des Verstorbenen.	Wenn die zweite Ehe unbeerbt, Erbrechtsquote wie zu 1, aber keine Leibzucht.[4]) Wenn die zweite Ehe beerbt, fortgesetzte Gemeinschaft und Leibzucht am Antheil der Kinder zweiter Ehe nach nebenstehenden Grundsätzen.

III. Gemeinschaften des Zugewinnstes.

1. Althessisches Recht.

Sein Erbrecht ist völlig beseitigt.

2. Solmser L.O. im Bezirk Cassel. Die Theilung der Errungenschaft erfolgt nach den in den Mot. S. 195 gegebenen Principien, als Erbrechtsquote erhält der Ueberlebende die halbeu Mobilien[5]), im Uebrigen gelten die zu I angegebenen Sätze. Ausnahme: die A.G. Birstein, Langenselbold, Gelnhausen, Meerholz.[6])

3. Mainzer L.R. im Bezirk Cassel. Es gelten die für dasselbe Recht im Frankfurter Bezirk gegebenen Sätze mit den aus dem System des Zugewinnstes folgenden Modificationen.

Vorbehaltsgut.

In den vorstehenden Tabellen ist überall aus praktischen Gründen die Bezeichnung Sondergut in seiner früheren Bedeutung gewählt. Es umfaßt das „eingebrachte Gut" nach dem Sprachgebrauch des B.G.B. und das Vorbehaltsgut der Frau, sei es daß dasselbe vor oder nach dem 1. Jan. 1900 geschaffen ist.

---

1) Also nicht an der herauszugebenden Mobiliarquote. Trier. L.R. VI § 6.

2) Also auch am Antheil der Vorkinder, nur aber soweit er immobil, die Mobiliarquoten derselben sind herauszugeben.

3) Lamprechts Statut IV § 1.

4) Sayn S. 40. 5) Solmser L.R. Tit. 28 § 2, 5.

6) Mobiliarerbrecht ist hier durch V.O. von 1769 beseitigt. Pr. Arch. XV S. 98.

Inventar und Kaution.	Beendigung der Leibzucht.	Nachtheile der zweiten Ehe.
	2. Dolose Verschweigung von Vermögensstücken. 3. Vernachlässigung des Leibzuchtsgutes.[1]	2. Die Leibzucht an den Mobiliarquoten der Kinder des binubus erlischt.[2]
Keine Inventar- und Cautionspflicht vor der Wiederverheirathung.		1. Vorher ist Inventar zu legen. 2. War die erste Ehe beerbt, so endet die fortgesetzte Gütergemeinschaft und Leibzucht.[3]

Entziehbarkeit der Erbportionen.

1. Freie Disposition hat der Erstversterbende nach Frankfurter Recht nur in Bezug auf seine Errungenschaftshälfte, soweit diese dem Ueberlebenden zufallen würde. Er kann also dem Ueberlebenden in unbeerbter Ehe das Eigenthum, in beerbter Ehe die Leibzucht dieser Hälfte entziehen.[4]

2. Controvers ist die Entziehbarkeit der Statutarportion des Nassau-Katzenellenbogener Rechts. Der Ehrenbreitsteiner Entwurf Mot. S. 86 bejaht sie, die Praxis verneint sie.

3. Bezüglich des Oberkatzenellenbogener Landrechts nimmt die Praxis die Entziehbarkeit der Mobiliarerbquote an.[5]

4. Die Statutarerbrechte sind sonst unentziehbar. §§ 1933, 2235 fg. finden Anwendung, soweit der Ueberlebende Erbrechtsquoten oder Leibzucht empfängt.

Die am 1. Jan. 1900 durch Tod aufgelösten Ehen.

Hier gelten ebenfalls die vorstehenden Sätze betreffend die Leibzucht resp. Fortsetzung der Gemeinschaft.

1) Trier. L.R. VI §§ 13—15. 2) Trier. L.R. VI § 23.

3) Nach Lamprechts Statut IV § 3 hatte binubus erst bei Heirath (nach Praxis auch bei Großjährigkeit) Mobiliarquoten und halbe Immobilienquote der Kinder erster Ehe an sie herauszugeben. M. E. Elternrecht, das mit dem 1. Jan. 1900 erloschen.

4) Neumann u. Levy S. 228, 229.

5) Pr. Arch. XV S. 390. Die Motive schweigen. Ob die Mobiliarquote des Solmser Rechts in Kassel entziehbar ist, scheint ebenfalls controvers zu sein. (Vergl. Klauhold S. 131, andererseits aber auch Pr. Arch. XV S. 14). Die Motive erwähnen davon nichts.

Im Gebiet des althessischen Rechts ist es streitig, ob der Nießbrauch, den der überlebende Vater auch in der Dotalehe an dem Erbtheil des minderjährigen Kindes hat, fortbesteht.[1]) Die Controverse ist aber von keiner großen Bedeutung, da er jedenfalls die elterliche Gewalt behält.

Der Umfang dieser Leibzucht richtet sich in Bezug auf die Grenzen der Vermögensmassen selbstverständlich nach dem alten Recht. Auch für die Beseitigung der Leibzucht nach Theilung und die bei zweiter Ehe eintretenden Vermögensnachtheile [2]) gelten die Resultate der Tabelle.

C.

Deutschrechtliche Verwaltungsgemeinschaft gilt nach Schaumburger Recht in dem Kreis Rinteln.[3]) Sie wird unter Erhaltung des Statutarerbrechts übergeleitet in das gesetzliche Güterrecht. In der unbeerbten Ehe hat der Ueberlebende, falls die Ehe Jahr und Tag gedauert, Alleinerbrecht, sonst erhält er Hälfte der Dos, Wittwe aber nur soweit sie in Geld bestand,[4]) in beerbter Ehe steht dem Ueberlebenden die lebenslängliche Leibzucht vom Nachlaß ohne Inventar und Cautionspflicht zu,[5]) bei zweiter Ehe muß der Ueberlebende inventarisiren und die Wittwe verliert den Nießbrauch an den Erbquoten der Kinder.[6]) Vorkindern gegenüber versagt das Alleinerbrecht.

Jeder Ehegatte kann in unbeerbter Ehe über den dritten Theil des beiderseitigen Vermögens testiren, Ueberlebende kann die sein Vermögen betreffende Verfügung durch Ausschlagung der Erbschaft beseitigen; die Leibzucht bei beerbter Ehe ist unentziehbar. §§ 1933, 2235 B.G.B. finden Anwendung.

D.

Dotalrecht galt bis zur Überleitung in das gesetzliche Güterrecht:

a) In einigen Ortschaften der Amtsgerichte Burghaun, Eiterfeld, Hilders.[7])

b) Für den Adel im Gebiet C.

c) Für die Schriftsässigen im Gebiet des Althessischen Privatrechts (vergl. oben zu B III 1).

Zu beachten bleibt, daß im Regierungsbezirk Cassel ohne Kreis Rinteln das Anerbenrecht nach der Landgüterordnung vom 1. Juli 1887 erhalten bleibt.

---

1) Habicht bejaht es; Gruch. Bd. 42 S. 449. Motive zum A.G. verneinen es. S. 196. 2) Vergl. für das alte Recht Ehrenbreitst. Entwurf S. 90 fg.

3) Die vier Amtsgerichte dieses Kreises: Rinteln, Obernkirchen, Oldendorf, Rodenberg unterstehen den L.G. Hannover. Mot. erwähnen nichts davon, daß das Sch. R. auch in Provinz Hannover in den 1640 erworbenen Theilen gilt. Für die Aemter Lachem, Lauenau soll dies früher entschieden sein; vergl. Rudorff S. XX, die Praxis nimmt anscheinend Dotalrecht an. Rud. S. 465.

4) Roth und Meibom 454 fg. 5) Roth und Meibom 438 fg.

6) Beim Tode des Ehemanns theilt die Wittwe die beiderseitige Masse derart, daß ein Kind $1/2$, mehrere $2/3$ der ganzen Masse als Erbquote erhalten. Roth und Meibom 438 fg. 7) Mot. 169. 8) Neubauer S. 58.

Anhang.

Specielle Angaben für Pommern.

Regierungsbezirk Stettin.

Die besonders verwickelte territoriale Abgrenzung der Localstatuten erklärt sich aus der Geschichte. Die Städte waren theils mit Magdeburgischem, theils mit Lübischem oder Märkischem Recht bewidmet, und das Stadtrecht erstreckte sich bei Publication der Bauerordnung von 1764 soweit als die Jurisdiction der Städte reichte, also auf die Stadtfeldmarken und die damals den Städten gehörigen Ortschaften und Antheile. Nur soweit kein Stadtrecht damals galt, gewann die B.O. Wirksamkeit. Alle später auf den Stadtfeldmarken erwachsenen Ansiedelungen müssen also dem Stadtrecht folgen.

Auch die Veräußerungen zu Erbzinsrechten seitens der Städte beseitigte das Stadtrecht nur dann, wenn etwa auch die Jurisdiction vor dem 30. Dec. 1764 mit im Erbzins verliehen war. Vereinzelt lag Stadtfeldmark mit Gütern im Gemenge. Eine weitere Schwierigkeit ergab sich aus dem Zuwachs seitens der Mark. Die damaligen Grenzen sind nicht überall feststellbar, wohl aber galt als sicher, daß verschiedene Ortschaften antheilmäßig zu beiden Provinzen gehörten. Die märkischen Antheile unterstanden der Joachimica, und wurden durch Rescript von 1781 und V.O. vom 3. April 1815 (abgedruckt im Amtsblatt 1818) mit anderen Orten Pommerns einverleibt.

So kommt es, daß in vielen Ortschaften verschiedene Rechte gelten und die Grenzen im Ort nicht mehr feststellbar sind.

Zu den Generalacten des Oberlandesgerichts Stettin haben seiner Zeit die Kreisgerichte über die locale Abgrenzung berichtet, ferner hat das Amtsgericht Stettin sich 1891 von sämmtlichen Amtsgerichten der Provinz amtliche Berichte geben lassen. Jedoch ist im Lauf der Zeit in Folge der Abtrennung von den Städten verschiedentlich unrichtigerweise die B.O. angewendet worden, und die letzten Berichte daher in einzelnen Angaben unzutreffend.

Die Aufzählung, welche nur die Orte, Abbauten, Ansiedelungen mit Stadtrecht oder Märkischem Recht wiedergiebt, entstammt aus einer vor ungefähr 10 Jahren an Hand der Kreisgerichtsberichte vom Unterzeichneten angefertigten Zusammenstellung. Zur Prüfung für die territoriale Zugehörigkeit dienten als Quelle die Bücher von Brüggemann und Berghaus. Die Unterschiede von den amtsgerichtlichen Verzeichnissen sind überall unter Begründung der Abweichung wiedergegeben; nicht dagegen die unerheblichen Differenzen gegen die Kreisgerichtsberichte. Soweit die Orte nicht genannt sind, gilt die B.O. von 1764. Gehöfte, die selbst, oder deren Bezeichnungen verschwunden sind, habe ich nicht aufgeführt.

Abkürzungen.

A. = Anclamer
D. = Dammer
G. = Garzer
M. = Märkisches
P. = Pyritzer
St. = Stettiner
Tr. = Treptow a. Tollense
} Recht.

Br. = Brüggemann, Beschreibung von Pommern.
Bg. = Berghaus, Landbuch von Pommern.
V. = Verzeichniß der Amtsgerichte von 1891.
V. f. = fehlt im Verzeichniß
V. ? = im Verzeichniß als zweifelhaft angegeben.

Df. — Dorf.
G. = Gut.
F. = Försterei ev. Oberförsterei.
M. = Mühle.
Abb. = Abbau.
Vw. = Vorwerk.
H. = Einzelne Häuser u. Gehöfte.

Die Amtsgerichte sind am Schluß der Zeile nur soweit angegeben, als im Regierungsbezirk Stettin die gleiche Bezeichnung noch einmal vorkommt.

Lübisches Recht.

Ackerhof G. (Massow.)
Agneshof Abb. A.
Albertinenhof Abb.
Alt Cosenow Df. A.
Alt Damerow [1]) Df. (Greifenhagen.)
Altstadt Abb. Neuwarp.
Anclam A.
Anclamerfähre Df. A.
Bahn
Barfußdorf Df.
Bargischow Df. A.
Bergmühle M. (Massow.)
Bergsruh G. (Massow.)
Berndtshof G. (Greifenberg.)
Bienenfurt F. Stargard.
Bornekamp H.
Borntin Df. (Greifenberg.)
Brandtriege H. (Gollnow.)
Bruchhausen Df. Vw.
Buchar Bf. Tr.
Buddenbrock Df.

Magdeburger Rechte.

Altdamm D.
Alt Torney G. St.
Armenheide G. St.
Arnimswalde D. D.
Augustenhof [2]) G. P. (Pyritz.)
Bergland Df. St.
Bergmühle M. St. (Stettin.)
Birkhorst Vw. St. (Altdamm.)
Blaurocksmühle M. D.
Blockhaus F. St. (Stettin.)
Bodenberg F. "
Brachhorst Df. St.
Carlshof G. P. (Pyritz.)
Catherinenhof H. St.
Coeselitz Df. Pyritz.
Bauerhöfe zu 1—6, 8, 10, 11, 13, 14, 20 und 7 zur Hälfte P. sonst V.O.
Eckerberg G. St.
Ehrenthal G. St.
Eichelshagen Df. P.
Enge-Oderkrug Abb. St.

Märkisches Recht.

Alt Dingelsberg Vw.
Althütte Vw.
Alt Storckow Df. G.
Arnsberg Vw. (Nörenberg.)
Belling Df.
Bismark Df.
Blankenhagen Df. G.
Blankenphul F.
Blockhaus G. Nörenberg.
Brederlow [3]) G. F.
Buchholtz Vw. Nörenberg.
Buchholz Abb. Labes.
Buchwerder Df. Nörenberg.
Burgwall Vw. Nörenberg.
Butow Df. G.
Carlsberg Df. Nörenberg.
Carlshof Vw. "
Carlsruhe Vw. "
Carlsthal Df. Nörenberg.
Casmannsburg F.
Charlottenhof G. Pasewalk.
Clausburg G.

---

1) V. ?
2) V. f.
3) Theils P., V.? Vergl. Br. II S. 96, A.Bl. S. 48, Praxis M.R.

Lübisches Recht.

Bünnewitz [4]) Df.
Bugewitz Df. A.
Buschkathen H.
Caluberhof [6]) G. Tr.
Cammin Stadt und Rathswiek, sonst B.O.
Camp Df. Anclam A.
Carlshof Vw. Demmin.
Carolinenhöhe Vw. oder Hof. Naugard.
Carolinenthal Vw. Stargard.
Charlottenruh G. Bahn.
Cladow Df.
Clempin Df. Stargard.
Cunow a. d. Str. Df.
Daber (Stadt)
Daber-Freiheit G.
Damerower Mühle M.
Dadow Df.
Dankelmannshof G.
Darsewitz Df.
Demmin.
Dieckmühle M. Gollnow.
Dieckmühle M. Massow.
Diedrichsdorf Df.
Ost- u. West-Divenow [9]) Df.
Dorotheenhof G. Bahn.
Eberstein Df.
Eichberg Abb. Gollnow.
Eichenfelde Vw. A.
Eichenhof Abb. Greifenberg.
Eiskuhlermühle M.
Eugenienberg [12]) Df.
Freienwalde i. P.
Freiheide Df.
Friedenshof Abb. Massow.
Friederickenhof Vw. Massow.
Friedrichshof H. Gollnow.

Magdeburger Rechte.

Finkenwalde Df. St. (Altdamm.)
Forkadenberg G. St.
Freudenfeld G. G.
Friedensburg Df. St.
Friederickenhof H. P. (Stargard.)
Friedrichsdorf Df. St. (Damm.)
Friedrichshof G. St. (Stettin.)
Gartz a/O. G.
Geesow Df. G.
Gr.-Wolfshorst Df. St.
Gr.-Zarnow Df. P.
Hofgrund Abb. D.
Hohenreinkendorf Df. G.
Hornskrug Df. D.
Johannishof Vw. St. (Stettin).
Jsinger Df. zum Theil P. zum Theil B. O.
Jungfernberg Abb. St.
Kattshof Vw. St.
Kienwerder G. D.
Klappermühle M. St.
Kl.-Wolfshorst Abb. St.
Krekow Df. St.
Kuckuksmühle M. St.
Kückenmühle H. St.
Kyowsthal Df. D.
Langenberg Df. G. St.
Lübsche Mühle M. St.
Lustwerder [10]) Abb. G.
Malzmühle M. Stettin. St.
Marienfelde G. Stettin. St.
Marienthal G. Stettin. St.
Marwitz Df. G.
Mescherin Df. G.

Märkisches Recht.

Cossin theils B. O.[5]) Df. G.
Cunow Df. (Gartz) theils B.O.
Dorotheenthal Df. Labes.
Dubenwall Vw.
Duebzow Df. G.
Eichberg Vw. Pyritz.
Eichort M.[7]) Pyritz.
Fiddichow. Stadt u. Vorwerk.
Finkenwalde Vw. (Nörenberg.)
Flackensee G.
Franzfelde G. (Pasewalk.)
Frauenberg Vw.
Friedberg G. Pasewalk.
Freienwalde G. Nörenberg.
Friedrichsfelde G. Df. Nörenberg.
Friedrichshof Vw. [8]). Stargard.
Friedrichsthal Vw. Nörenberg.
Fürstensee Gut theils B.O., Df. B.O.
Gabbert Df.
Gehege H.
Gehegekrug Vw.
Gienow Df. G.
Glashagen Vw.
Gottberg Df. G. nur zum Theil.
Granz Abb. Nörenberg.
Granz Abb. Vw. Labes.
Grassee Df. G.
Großmellen D. Nörenberg.
Großmöllen Df. G. theils B.O. Nörenberg.
Gr.-Rohrpful G.

---

4) B.: B.O. aber unrichtig, denn Eigenthum von Cammin. Br. II S. 11.
5) Vergl. Br. II S. 136, Bg. II 3 S. 688.
6) B.: B.O. aber unrichtig, vergl. Br. I S. 81, Bg. II 1 S. 32.
7) B. f.
8) Zweifelhaft, ob nicht B.O.
9) B. Ost-Divenow B.O., vergl. aber Br. II S. 11.
10) B. f.
11) Vergl. Br. II S. 153.
12) B.: B.O. aber unrichtig, vergl. Br. II S. 77.

Lübisches Recht.	Magdeburger Recht.	Märkisches Recht.
Friedrichshof H. Treptow Tr.	Messenthin Df. St.	Gr.-Silber Df. G.
Friedrichswill Abb.	Moritzforst Abb. St.	Grützort Bw.
Friedrich Wilhelmshof G. Naugard.	Muthgebermühle M. St.	Hammelstall Bw. Pencun.
Gaatz Df.	Neptunsmühle M. St.	Henriettenfelde Bw. Nörenberg.
Gellendin Bw. A.	Nemitz Df. (jetzt Theil von Stettin) St.	Hohenfelde G. Stettin.
Giesenfelde Bw.	Neugrape Df. Bauerhöfe 1—4. sonst B.O. P.	Jagow Df. G. theils B.O.
Gnevezin Df. A.	Neu-Rosengarten Df. D.	Jhnathal Bw.
Goerkeburg H. A.	Neu-Westend Abb. St.	Joachimsthal Bw.
Goerke Df. Greifenberg.	Oberhof G. St.	Johannisberg G. Stettin.
Gollnow.	Obermühle M. Pyritz. P.	Kanitzkamp Bw.
Gollnowshagen Df.	Obermühle M. Stettin. St.	Kienitzruh Bw.
Grambow[13]) Df. (Cammin.) nur das Dorf; Gut B.O.	Oderkrug Abb. St.	Kl.-Grünow Df. G.
Gramhof auch Stadthof Bw. Regenwalde.	Pechfurth H. D.	Kl.-Linichen Df. G.
Grammhusen G. Greifenberg.	Piepenwerder Abb. St.	Kl.-Rohrphul G.
Grandshagen Df.	Podejuch Df. St.	Kl.-Spiegel Df. G.
Greifenberg.	Pölitz. St	Kolk Bw. Nörenberg.
Greifenhagen.	Pommerensdorf. St.	Kuckmühle M.
Grischow Df. Tr.	Prilipp G. St.	Langenhagen Df. G. Nörenberg.
Groß-Dunzig H.	Pyritz. P.	Löcknitz Df.
Gr.-Hohenhorst Bw.	Rakitt Df. P. theils B.O.	Margarethenhof Df. Nörenberg.
Grünhaus F. Gollnow.	Riebenfelde[15]) G. P.	Mützelburg Bw.[14])
Grünhof H. Gollnow.	Rosengarten Df. D.	Naulin Df. G. theils B.O. Grenzen unsicher.
Grünhof G. Naugard.	Schadeleben Bw. St.	Neubuchholz Df. Labes.
Grünhorst Abb. Naugard.	Scheune Df. G. (Stettin) St.	Neudingelsberg Df.
Grütting F.	Schmellenthin Df. St.	Neuhütte Bw.
Gumtow Df. G.	Schrey F. G.	Neu-Storckow auch Storckow G. Df.
Habichtshorst Abb. Treptow. Tr.	Schwabach Df. G. St.	Nöblin Df.
Hähnelshof Abb.	Schwankenheim Df. G. St.	Nörenberg. Stadt. Gut und Ausbauten.
Hakenwalde Df.	Schwarzow G. Stettin. St.	Papenbeck G.
Hammermühle G. Stargard.	Steinfurter Mühle H. St.	Pasewalk.
Hansfelde Df.	Sternkrug H. Altdamm. D.	Piepstock G.
Heidebrink Df.	Stettin. St.	Pietschenberg G.
Heidekaten Bw.	Straußensruh H. D.	Plöwen Df. theils B.O.
Heidemühle F. A.	Stuthof G. Altdamm. D.	Rahnwerder G.
Heinrichshof Abb. Greifenberg.	Untermühle M. St.	Rattenkrug H.
Heinrichshof Abb. Naugard.	Völschendorf Df. St.	Raminshof Bw.
Henkenheide Bw.	Waldhof Bw. St.	
	Wendorf Bw. St.	
	Werben[16]) Flecken. P.	

13) B.: B.O. aber unrichtig, Br. II S. 11.
14) B.?
15) B.: B.O. aber unrichtig, auf Pyritzer Antheil aufgebaut, Bg. II 3 S. 735.
16) Nach Br. B.O. aber unrichtig.

Lübisches Recht.

Hermannsthal Vw. Greifenberg.
Herrenhof G. Neuwarp.
Hochheim Df.
Höfe l. u. r. d. Ihna Vw.
Höhenforst H.
Hoheheide F. A.
Hohenstein H. A.
Holländerei H. (Gollnow.)
Holzkaten Vw.
Hoppenwalde Df.
Hühnerkamp Abb.
Jägerhof Abb. Demmin.[17])
Jarmen.
Jerusalem G.
Ihnaburg Vw.
Ihnamünde Abb.
Johannisberg Abb. Greifenberg.
Jungfernbrück F.
Kalkstein Df.
Kamigkrug H.
Katharinenholz Abb.
Kattenhof Df.
Kempkenort H.
Kerstenhof Abb.
Kietzig Df.
Klockenberg G.
Klötkow Df.
Kl. Mokratz Df. G.
Küssin Df.
Kuckahn Df.
Kupferhammer G. (Gollnow)
Kuhlerort Abb. A.
Labes Stadt.
Landhof G. Bahn.
Landwehr Vw.
Langenhals Df. Gollnow.
Lebbin G. F. (Greifenberg)
Leopoldshagen Df. Anclam. A.
Lindenberg Vw. Stargard.
Lindenfelde G.[18]) Labes.

Magdeburger Recht.

Wilhelmsfelde Df. (Altdamm) D.
Wilhelmshof Vw. Stettin. St.
Wilhelmsmühle M. Damm D.
Wussow Df. St.
Zollkrug H. D.
Zollhaus H. Stettin. St.

Märkisches Recht.

Retzin Df. theils V.O.
Rohrbruch Vw.
Rohrpful G. Kl.-Rohrpful.
Rothenburg Df.
Rothenhagen Vw.
Ruhleben Vw. Nörenberg.
Ruhnow Df. G. theils V.O.
Sadelberg Df. G.
Schillermühle M.
Sponbrügge Vw.
Stabenow F. G.
Steinberg F.
Steinhöfel G. Df.
Streblow Vw. Nörenberg.
Tantow Df. G.
Tivoli Abb. (Nörenberg)
Ulrichsfelde Vw.
Viereck Df.
Wedelsdorf Df.
Werderfelde Vw.
Winningen Df. G.
Zargow Df. G.
Zanthier Df.
Zehrten Df. G.
Zeinicke Df. G.
Ziegenberg bei Nörenberg Vw.
Ziegenberg bei Kl. Linichen Vw.
Zweischwestern Vw.

---

17) V. f., Bg. II 1, 12.
18) Vergl. Bg. II 7 S. 46.

Lübisches Recht.

Lotznitzmühlen M.[19])
Louisenruh Abb. Neuwarp.
Lübow Df.
Lübsow Df.
Lüttkenheide F.
Malzmühle M. Naugard.
Marienau G. Bahn.
Marquardsmühle Df. Nur Cossäthenhof 7. sonst B.O.
Marsdorf Df. bei sieben Bauernhöfen, sonst B.O.
Massow. Stadt und Ausbauten.
Miltitzwalde Df. Tr.
Mönchkappe Df. Greifenhagen, nur der städtische Antheil, B. nur B.O.
Möckerhorst F. A.
Muddelmow Df. G. Treptow.
Naugard.
Neubauhof G.
Neucosenow Df. A.
Neudamerow Df. Greifenhagen.[20])
Neuendorf G. Ueckermünde.[21])
Neugrischow Abb. Tr.
Neuhaus S. Stargard.
Neuhof G. Gollnow.
Neumassow Df.
Neumexiko Abb.
Neumühl M. Greifenhagen.[22])
Neumühle M. Gollnow.
Neu Sellin G.
Neuwarp.

Lübisches Recht.

Organistenkamp Abb. Greifenhagen.[23])
Paculent Df.
Papiermühle Abb. Gollnow.
Paske Df.
Peenemünde Df.
Pelsin Df. G. A.
Pencun.
Petermannshof G.
Petershof G. Treptow R.
Plathe, Stadt. Gut hat B.O.
Priemhausen Df. bei 4 Bauerhöfen B.O.
Pützerlin Df.
Rauschmühle M.
Regenwalde.
Rensekow Df. G.
Reutershof G. Tr.
Riegbaum Vw.
Rochow G. Abb.
Roggow Df. Stargard.
Rohloffshof Vw.
Rosenhagen Df. A.
Rosenmühl M.
Rummelbahn M. Gollnow.
Saarow Df.
Sandhof H. Stargard.
Schadefähre H. A.
Schanzenberg H. A.
Schellin D. Greifenberg.
Schmalenthin D.
Schnittsoll F.
Schönhof Vw. Massow.
Schöneruh Abb. Anclam A.[24])
Schützenacker Abb.

Lübisches Recht.

Schwendt Df.
Seefeld Df. Stargard.
Seehof Vw. Regenwalde.[25])
Siedenbrünzow Df.
Siebeneichen H. Demmin.
Silberne Maräne H.
Sonnenmühle M.
Speckerforth Abb.
Stadthof Abb. Greifenhagen.
Stadthof Vw. Massow theils B.O.
Stargard.
Starkenloch H.
Steinort G. Neuwarp.
Sternmühle M.
Stevenhagen Df.
Stiefelsberg Abb. Gollnow.
Stuthof G. Greifenberg.
Stuthof Abb. Stargard.
Swinemünde.
Thu Häuser Abb. Greifenhagen.
Torfmoor Abb. Stargard.
Trappenort Abb.
Treptow a/R.
Treptow a/T. Tr.
Tressin Df.
Tribsow Df. G. bis auf Gut Tribsow B, das B.O. hat.
Trostfelde Abb. Tr.
Ueckermünde.
Usedom.
Viehhof.[26]) Abb. Greifenhagen.
Völschenhagen Df.
Vosberg Vw. Ueckermünde.[27])

---

19) Nach B. nur die Wassermühle L.R., die Oelmühle B.O., zweifelhaft. Vergl. Br. II S. 323, Bg. II 7 S. 54. Danach stand gerade die Wassermühle nicht unter dem Stadtgericht, die anderen aber auf dem Stadtfelde.
20) B. ?
21) B: B.O. vergl. aber Br. I 16.
22) B. ?
23) B. f.
24) B. f.
25) B: B.O. vergl. Br. II 327.
26) B. f.
27) Br. I 16.

Lübisches Recht.	**Lübisches Recht.**	**Lübisches Recht.**
Walkmühle M. Greifenhagen.	Weselow[28]) Df. Greifenberg.	Wollin. Stadt (Amtswiek B.O.)
Walkmühle M. Naugard.	Westswine[29]) Df.	Woserow Df. A.
Walkmühle M. Gollnow.	Wilhelminenhof Abb. Greifenberg.	Zampelmühle M. Naugard.
Wangerin. Stadt u. Forsthaus.	Wilhelmsfelde G. Naugard.	Zarzig Df.
Wangerin Df. Treptow a/R.	Wilkenkamp H.	Zindelmühle M. Massow.
Warsower Mühle M. Massow.	Wilksfreude Abb.	Zitzmar Df. Treptow.
	Wolgasterfähre[30]) Df.	

Zweifel.

a) Das Verzeichniß des Ag. Swinemünde stellt für Amtswiek und Wilhelmshof die Anwendung der B.O. als zweifelhaft hin, weil sie früher zu Usedom gehört haben könnten. Jedenfalls war aber 1764 die Jurisdiction erloschen. Amtswiek bezeichnet ja gerade die Unterstellung unter Königliche Gerichtsbarkeit. Br. II S. 252.

b) Ag. Labes nimmt für Gut Labes a und d L.R. an; beide Güter haben aber nie der Stadtgerichtsbarkeit unterstanden, vergl. Br. II 7 S. 761 fg.

c) Kolonie Friedrichsthal ist auf Garzer Grund angelegt. Praxis nimmt trotzdem B.O. an, die Veräußerung mit Gerichtsbarkeit ist aber erst 1778 erfolgt, Bg. II 2 S. 1582.

d) Die Dörfer Blankenfelde, Carlshof, Camelshorst sind erst 1777 von Gollnow mit der Jurisdiction in Erbzins veräußert, Br. I 177. Praxis nimmt trotzdem B.O. an.

Regierungsbezirk Cöslin.

Nur die Orte mit Lübischem Recht sind nachstehend angegeben. Die Orte, welche der Gütergemeinschaft des A.L.R. folgen, ergeben sich aus der Beschreibung des zweiten Abschnitts, Märkisches Recht gilt in den Amtsgerichtsbezirken Dramburg, Falkenburg, Schivelbein, sowie in Callies mit Ausnahme der dem Landrecht unterworfenen Ortschaften. Die Aufzählung folgt hier den Verzeichnissen der Amtsgerichte. Sonst B.O. von 1764.

---

28) B: B.O., vergl. aber Br. II 389.

29) B.? Inzwischen rechtskräftig festgestellt.

30) B: B.O. erscheint aber zweifelhaft, weil Fähre der Jurisdiction vor Wolgast unterstand, wie Peenemünde.

Lübisches Recht.

Alt Bewersdorf. Df.
Arnshagen. Df.
Bärwalde.
Belgard.
Bodenhagen. Df.
Bohlberg. F.
Bork. Alt u. Neu Df.
Borkenrehm. F.
Bublitz.
Büssow. Df. Colberg.
Bullenwinkel. Df.
Carlsberg Abb. Colberg.
Carlshof Abb. „
Carlshof Vw. Falkenburg.
Carolinenthal G. Neustettin.
Clempin. Df. Belgard. Ausnahme Bauerhof 1.
Clusz. Df.
Coccejenhof. Df.
Colberg.
Cörlin.
Cöslin.
Crussen. Df.
Deep. Df. Cöslin.
Deep. Df. Colberg.
Elysium. H.
Erdmannshof. G. Colberg.
Fichthof. Vw. Pollnow.
Friedrichshof. G. Neustettin.
Gittelsmühle. M.
Gohrband. Df.
Gribow. Df.
Grupenhagen. Df.
Grünhausen Abb.
Hasselbrach. Abb.
Hannchenberg. Abb.
Hanshagen. Vw.
Henkenhagen. Colberg Df. und Fischerlage, soweit städtischer Antheil, sonst B.O.
Heinrichshof. G. Colberg.
Heinrichshorst. Vw. Pollnow.
Herrmannsruh. Abb.
Hohenstein. Df.

Lübisches Recht.

Jamund. Df.
Groß-Jestin. Df.
Johannisberg. G. Colberg.
Johannishof. Vw. Bublitz Vf.
Kaemitz. G.
Kautzenberg. H.
Krügershof. G. Ratzebuhr.
Loitz. F.
Louisenbad. H. Polzin.
Ludwigshof. Vw. Bublitz.
Ludwigsberg. F. Bublitz.
Lüllemin. Df.
Lüllsitz, Alt u. Neu. Df.
Malchowbrück. F. Abb.
Mariengut oder -höh. G. Ratzebuhr.
Maskow. Df.
Meyringen. Df.
Missenhof. F.
Mocker. Df.
Mohrow. Df.
Necknin. Df.
Nehmer. Df.
Nest. Df.
Neudorf. Df. Bulditz.
Neuendorf. F. Belgard.
Neustettin.
Pagelsland. H.
Kl. Pankin. Df.
Pfingstberg. H.
Podewilshausen. Df.
Polenzkenhof. Abb.
Pollnow.
Polzin.
Puddemsdorf. Df.
Radeland. H.
Rathsdamnitz. Df.
Ratzebuhr.
Ravensbucht. Vw.
Rehhof. Vw. Pollnow.
Rossenthin. Df. zum Theil B.O.
Sagebach Vw. Pollnow.
Sackshöhe Df. Rügenwalde.

Lübisches Recht.

Samelower Mühle M. Stolp.
Schlawe.
Schöningswalde. Df.
Schülerbrink. H.
Schwerinsthal. Df.
Seehof. H.
See-Suckow. Df. Rügenwalde.
Sellen. Df.
Sellnow. Df. Colberg.
Semmerow. Df. „
Siederland. Abb.
Simötzel. Df.
Spie. Df.
Stadthof. Vw. Cöslin.
Steglin. Df. Soweit es zu Cöslin gehört; der Antheil vom AG. Zanow B.O.
Stolp.
Stolpmünde.
Strellin. Df.
Strickershagen. Df. G.
Tempelburg.
Ueberlauf. Df.
Uhlenburg. Vw.
Ulrichshof. Abb. Colberg.
Vorder-Hintermühle. M. Ratzebuhr.
Walkmühle. Ratzebuhr.[1])
Walkmühle. Rummelsburg.
Walkmühle. Schlawe.
Walkmühle. Stolp.
Warschow, Alt, Neu. Df. Schlawe.
Werder, Alt, Neu. Df. Colberg.
Wickenberg. F.
Wilhelmsberg. Abb. Colberg.
Wilhelmshof. G. Pollnow.
Wilhelmshof. Df. Cöslin.
Zanow.
Ziegenberg. Abb. Colberg.
Zizow. Df. Rügenwalde.

---

1) Nach der V: B.O. aber Br. II 710.

Dorf Schmaatz muß zum Theil Lübisches Recht haben, nach V: B.O. vergl. Br. II 929.

Die Ausbauten der Städte sind nur soweit aufgeführt, als die besonderen Namen noch im Verkehr gebräuchlich sind.

Regierungsbezirk Stralsund.

Lübisches Recht gilt hier nur in den Städten Barth, Bergen, Damgarten, Garz a. R., Greifswald, Grimmen, Gützkow, Lassan, Loitz, Stralsund, Triebsees, Wolgast. Den früheren Kämmereidörfern ist es genommen. Abbauten auf der Stadtfeldmark sind hier nicht aufgeführt.

Lippert & Co. (G. Pätz'sche Buchdr.), Naumburg a. S.

FSC
www.fsc.org
MIX
Papier | Fördert gute Waldnutzung
FSC® C083411

Kolibri 360 GmbH
Ferdinand-Jühlke-Straße 7
99095 Erfurt, Deutschland
produktsicherheit@kolibri360.de